LE TEMPS QUI M'A MANQUÉ

« Cahiers Gabrielle Roy »
Collection dirigée par François Ricard

Cette collection rassemble des ouvrages consacrés à Gabrielle Roy, textes inédits, études, commentaires critiques et autres documents susceptibles de mieux faire connaître et comprendre l'œuvre, l'art et la pensée de la romancière.

Gabrielle Roy

LE TEMPS
QUI M'A MANQUÉ

suite inédite de
La Détresse et l'Enchantement

Édition préparée par François Ricard,
Dominique Fortier et Jane Everett

CAHIERS GABRIELLE ROY

Boréal

Les Éditions du Boréal remercient le Conseil des Arts du Canada
et la SODEC pour leur soutien financier.

En couverture : Gabrielle Roy à Paris en 1937. Bibliothèque nationale du Canada (BNC
NL-19178).

Diffusion au Canada : Dimedia
Diffusion et distribution en Europe : Les Éditions du Seuil

Données de catalogage avant publication (Canada)
    Roy, Gabrielle, 1909-1983
    Le temps qui m'a manqué
    (Cahiers Gabrielle Roy)
    Autobiographie.
    Suite inédite de : La Détresse et l'Enchantement
    ISBN 2-89052-856-1
    1. Roy, Gabrielle, 1909-1983 – Biographie. 2. Écrivains canadiens-français –
20ᵉ siècle – Biographies. I. Titre. II. Collection.

PS8535.O95Z53   1997   C843'.54   C97-941345-1

PS9535.O95Z53   1997

PQ3919.R69Z53   1997

.

Avertissement des éditeurs

Dans les dernières années de sa vie, Gabrielle Roy a écrit le vaste ouvrage autobiographique que nous connaissons aujourd'hui sous le titre de La Détresse et l'Enchantement, *dont le manuscrit avait été entièrement corrigé par elle, puis dactylographié au propre par une secrétaire. C'était un texte qu'elle considérait prêt pour la publication, même si elle voulait que cette publication n'ait lieu qu'après sa mort. Le livre a donc paru en 1984.*

Bien que les deux parties qui le composent, intitulées respectivement « Le bal chez le gouverneur » et « Un oiseau tombé sur le seuil », fussent achevées, le grand livre qui, dans l'esprit de Gabrielle Roy, devait recevoir le titre général de La Détresse et l'Enchantement *ne l'était pas. En fait, elle projetait d'y ajouter deux autres parties, qui auraient conduit le récit de sa vie jusqu'au moment où elle l'écrivait, c'est-à-dire jusqu'à sa vieillesse. Malheureusement, la maladie, puis la mort — et peut-être quelque autre raison secrète — ont empêché que ce projet ne se réalise. Jusqu'à la fin, cependant,*

Gabrielle Roy a travaillé à la suite de son autobiographie, comme en témoignent les pages qu'on va lire et qui, datant de 1981, sont ainsi les toutes dernières qu'elle ait écrites.

Le texte que forment ces pages est doublement inachevé. Il l'est d'abord en ce qu'il ne correspond qu'aux quatre premiers chapitres de ce qui, vraisemblablement, serait devenu un récit plus long devant constituer la troisième partie de La Détresse et l'Enchantement. Inachevé, il l'est aussi parce qu'il est resté à l'état de manuscrit, Gabrielle Roy n'ayant pas eu le temps (ou la force) de le faire dactylographier et de le réviser une dernière fois, ainsi qu'elle avait coutume de le faire. On le lira donc avec une certaine prudence, comme une œuvre interrompue, encore en chantier et qui n'a pas atteint, par conséquent, sa forme pleine et définitive.

Cela dit, Le temps qui m'a manqué est beaucoup plus qu'un simple brouillon. Ces quatre chapitres, on le verra, composent un récit pratiquement complet par lui-même, court, sans doute, mais d'une grande unité thématique et formelle. De plus, ces pages ont fait l'objet d'un important travail de composition et de réécriture de la part de Gabrielle Roy, comme le montrent l'existence non pas d'une seule, mais bien de trois versions manuscrites successives et la progression que l'on peut observer de l'une à l'autre.

Nous publions ici la dernière de ces trois versions, tout en reproduisant, en notes, certains passages des deux versions précédentes qui peuvent en éclairer ou en enrichir la signification[1]. *Pour le reste, nous avons voulu que l'annotation soit aussi légère et discrète que possible. De toute manière, les lecteurs de* La Détresse et l'Enchantement *se retrouveront en terrain familier, ayant déjà rencontré, dans* « Le bal chez le gouverneur » *et* « Un oiseau tombé sur le seuil », *la plupart des personnages qui reparaissent ici : la mère, Mélina ; les sœurs, Anna, Adèle, Clémence, Bernadette ; Germain, le plus jeune des frères ; Esther Perfect, l'amie d'Upshire ; Pat Cossak, l'employé de la gare Windsor devenu le premier guide de Gabrielle lors de son arrivée à Montréal ; ou Miss McLean, sa logeuse.*

C'est au printemps 1939, on s'en souviendra, que se terminait l'action de La Détresse et l'Enchantement. *Gabrielle, âgée de trente ans, rentrait de son premier séjour en Europe et prenait la décision de ne pas retourner dans son Manitoba natal, où l'attendait sa mère, mais de s'établir plutôt dans la métropole pour se lancer dans le journalisme et l'écriture. Le récit qu'on va lire se situe donc dans la suite de ces événements et correspond, dans la vie de Gabrielle Roy, aux années 1939-1943[2]. La narratrice y relate ses débuts comme reporter (notamment au* Bulletin des agriculteurs*), sa découverte de Montréal et du Québec, ses efforts pour écrire, la genèse de son premier roman. Mais le fait central, la donnée*

---

1. Pour plus de détails concernant l'établissement du texte, voir la notice en fin de volume.

2. Pour un récit circonstancié de ces années, voir François Ricard, *Gabrielle Roy, une vie*, Montréal, Boréal, 1996, p. 198-264.

essentielle de tout le récit est d'un ordre à la fois plus tragique et plus intime : il s'agit de la mort de sa mère, survenue en juin 1943. Cet événement constitue le déclencheur et le pivot de toute la narration. C'est qu'il a marqué un tournant, une rupture décisive, non seulement dans la vie de Gabrielle et dans cette découverte d'elle-même dont les deux premières parties de La Détresse et l'Enchantement *racontent l'inlassable poursuite, mais aussi, et surtout, dans son cheminement d'écrivain, dans cette quête à la fois esthétique et existentielle qui devait déboucher deux ans plus tard, en juin 1945, sur la publication de* Bonheur d'occasion*, œuvre que sa dédicace placerait explicitement sous le signe de la mère disparue : «À Mélina Roy».*

Ainsi, dans cet écrit ultime qu'elle n'a pas achevé mais auquel elle a tout de même réussi à conférer une beauté et une plénitude que seule la maîtrise parfaite de son art a pu rendre possibles, Gabrielle se réconcilie définitivement, pour ainsi dire, avec elle-même et avec son passé, rattrapant enfin, au moment de mourir, ce temps qui, jadis, lui a si cruellement manqué.

I

Longtemps il m'avait semblé que les rails ne me chanteraient jamais autre chose que le bonheur. Dans mes voyages d'enfant avec maman, que nous allions peu loin ou, au contraire, comme cette fois jusqu'en Saskatchewan, alors qu'elle avait eu l'air si préoccupée[1], toujours ils me présentèrent la vie à l'image des visions magiques que faisait naître en moi la vue de l'horizon fuyant sans cesse devant nous. Les espaces immenses, le départ, le train, le voyage et, au bout, le bonheur, me parurent pendant des années indissolublement liés. Même après que j'eus quitté ma mère en ce jour de septembre, petite silhouette solitaire au bout du quai, serrant sur elle son manteau sombre, le cœur me manquant de la voir ainsi abandonnée, même alors les rails ne furent pas longs à me rassurer et à me consoler par leur incroyable attrait sur mon âme jeune. Je m'en allais au loin chercher ce qu'il y avait de meilleur, me disaient-ils. Je le rapporterais à ma mère. Et elle en serait à jamais réjouie[2].

Combien de temps avait donc passé depuis cette illusion d'un cœur qui toujours oscilla entre l'exaltation la plus enivrante et l'ombre la plus noire ? À peine plus de cinq ans, et voici qu'en ce soir de juin,

Montréal à peine quitté, le train, lancé dans la nuit lugubre, à chaque tour de roue me martelait la tête de la même phrase impitoyablement scandée : Ta mère est morte. Ta mère est morte. Ou bien il me faisait à moi-même me le dire sur un ton pareillement scandé : Maman est morte. Et je n'arrivais pas encore malgré tout à le croire tout à fait, tout au fond de l'âme. Pourquoi maman serait-elle morte avant que je n'aie eu le temps de lui rapporter la raison d'être fière de moi que j'étais allée au bout du monde lui chercher au prix de tant d'efforts ? Elle si patiente, comment ne m'aurait-elle pas accordé le peu de temps qui m'avait manqué ? Si peu de temps !… si peu de temps !… se prirent, comme en se riant de moi, à me scander les rails.

Elle ne m'avait pourtant pas paru si malade l'été passé, alors que, revenant de mon voyage de reportages dans l'Ouest canadien et jusqu'au tronçon, que j'avais pu aller voir, de la route de l'Alaska, je m'étais arrêtée auprès d'elle pour quelques jours[3]. Si, pourtant ! Il y avait eu cet incident qui aurait dû m'inquiéter si j'avais seulement été un peu moins prise par mes propres préoccupations ! Comme nous causions ensemble, un soir, elle assise dans sa chaise berçante, moi allongée, à côté, sur un sofa, elle m'avait tout à coup demandé : « Veux-tu changer de place avec moi, me laisser le sofa pour me reposer un moment ? » Cela lui ressemblait si peu d'avouer de la fatigue, comment n'avais-je donc pas compris que pour y venir elle avait dû se sentir mal ? Mais je rentrais presque épuisée de mon long voyage, la tête pleine des mille choses que j'avais vues et avais peur de ne pas bien rendre, si inquiète et tracassée au sujet de mon travail à venir — comment traiter cette matière abondante retenue dans ma mémoire seulement — que, dans mon mal à moi, j'avais pu passer sans le voir à côté du sien, déjà peut-être très sérieux dès ce moment-là.

Pour la troisième fois en une heure, je sortis de mon sac le télégramme plié en quatre et relus avec la même stupéfaction profonde, comme si encore maintenant le sens de ces quelques lignes ne me parvenait pas en entier : *Maman décédée ce matin à dix heures. Funérailles mardi. T'attendons si possible.* C'était signé : *Germain.*

Ainsi il avait été mis au courant avant moi, quoique se trouvant lui aussi au loin, mais un peu moins que moi, il est vrai. Anna l'avait donc informé le premier. Pourquoi ne pas m'avoir à moi aussi envoyé un télégramme ? Pour l'instant, je ne saisissais pas que cela n'eût pas changé grand-chose. Je m'imaginais que, partie plus tôt, je serais arrivée à temps pour revoir ma mère encore vivante et recueillir son dernier regard. Et je me faisais de ces choses que maintenant je n'aurais jamais une sorte de trésor que, même l'ayant perdu, je posséderais en quelque sorte pour toujours. Que disait Esther à ce sujet ? Qu'il convenait — n'était-ce pas cela ? — aux êtres qui s'aiment de se faire leurs adieux sur cette terre.

— Mais pourquoi, Esther, s'ils doivent se retrouver ?

15

— Afin, peut-être, de s'en donner la promesse. Ou de s'en communiquer l'espoir.

J'en voulus un long moment à ma sœur Anna. Dans notre pauvre vie toujours si pleine de soucis d'argent, se pouvait-il que ce fût par économie, encore, qu'elle n'eût envoyé qu'un télégramme, comptant sur celui qui le recevrait pour en faire parvenir la nouvelle aux autres? Mon Dieu! Mon Dieu! ai-je gémi à voix basse, comme s'Il n'était pas malgré tout trop loin pour pouvoir nous entendre et nous prendre en pitié.

Le train fuyait. Au-delà des vitres assombries je devinais un paysage où il y avait de l'eau qui brillait faiblement et des lumières lointaines qui s'y reflétaient en retombées de feux d'artifice. Je me rappelle vivement, encore aujourd'hui, combien souvent, au cours de cette nuit-là, je perdis de vue où j'étais, dans quel pays, en quelle année de ma vie, ce que je faisais dans ce train, où donc j'allais si impatiente d'arriver et en même temps si terrifiée de ce que je trouverais au bout.

Traversées les petites villes des environs de Montréal, nous devions approcher de la frontière de l'Ontario, et les lumières que j'apercevais de loin en loin pouvaient être celles de fermes voisines ou de très petits villages à moitié enfouis dans leurs arbres. Par un égarement de l'esprit qui cherchait sans doute refuge contre la réalité, je me mettais ainsi à observer soudainement avec une étrange insistance tel ou tel détail sans importance en ce moment, comme je l'aurais fait si j'avais eu à le décrire, puis tout du monde extérieur disparaissait de nouveau à mes yeux, et je repartais errer dans ces sombres lieux que deviennent nos souvenirs lorsque c'est le malheur qui nous y ramène pour les parcourir à la lueur tremblante d'une raison affolée.

À travers le roulement du train j'entendis Esther, à la voix déformée par le téléphone, me lancer, de la cabine d'Upshire :

— Il est important d'aller dire adieu à ceux qui vont nous devancer dans la mort.

— Mais si nous n'arrivons pas à temps !…

Elle ne répondait pas. La ligne entre nous deux devait être coupée.

Évidemment, je savais maman malade depuis quelques mois. Anna me l'avait appris dans une étrange, longue lettre où elle me racontait qu'à la sortie d'une messe matinale, au grand froid, maman avait été prise d'un malaise subit, qu'elle avait néanmoins pu revenir à la maison, qu'elle semblait se remettre assez bien et qu'il n'y avait pas lieu pour l'instant de trop s'inquiéter. Si le mal empirait, elle me le ferait savoir. Cependant c'était à moi de décider si je viendrais tout de suite ou si j'attendrais quelque temps. Ni elle ni personne ne m'ayant alors précisé que maman, ce matin-là, avait subi un infarctus du myocarde, j'avais pu croire que j'avais le temps en effet de remettre ma venue à un peu plus tard. Elle-même avait peut-être d'ailleurs interdit aux autres de m'apprendre la gravité de sa maladie. Elle avait peut-être même réussi à en garder le secret entre elle et son médecin. Elle aurait bien été capable d'essayer, en tout cas.

J'avais pourtant dès alors songé à emprunter l'argent pour le voyage mais je n'avais trop su vers qui me tourner. Plusieurs, que je connaissais à peine, m'auraient bien volontiers aidée, je le sais maintenant, mais je répugnais à solliciter un prêt de gens qui ne m'étaient pas absolument proches, encore plus pourtant de ceux de ma famille qui m'avaient longtemps d'avance prévenue que je n'aurais qu'à m'en prendre à moi-même le jour où je choirais de mes grandeurs et devrais payer le prix d'avoir quitté mon emploi. D'ailleurs, ils étaient tous démunis. Se mettant ensemble, ils auraient tout de même pu réunir la somme qu'il me fallait, et sûrement ils l'auraient fait si je le leur avais demandé, en toute simplicité du cœur. Mais jusqu'au bout il avait fallu que je tienne à mon insensé orgueil de ne rien devoir à ceux qui m'avaient refusé un mot d'encouragement à l'heure, il est vrai, où j'en avais eu si grand besoin. Mais aussi qu'auraient-ils pu alors deviner de mes rêves que moi-même je ne démêlais pas !

Je sortis de mes pensées pour entendre les rails me rappeler : Elle est morte. À quoi bon ces vieilles animosités encore, ces stériles regrets, ces perpétuels retours en arrière ! Tant de choses tout à coup n'avaient plus, n'auraient jamais plus d'importance. Et je retournai dans mes souvenirs impitoyables pour essayer de coudre ensemble les mille bouts de la pauvre histoire pourtant maintenant achevée.

Peu après sa lettre m'annonçant la maladie de maman en était arrivée une autre d'Anna, plutôt rassurante, puis une de maman elle-même, dont l'écriture toute défaite aurait dû m'ouvrir les yeux, mais je retins de cette pauvre lettre écrite au prix de Dieu sait quels efforts ce que je souhaitais en retenir : maman reprenait vie, elle se conformait aux ordres de son médecin qui lui conseillait de garder le lit quelques jours encore sauf pour les repas qu'elle prenait à table avec Clémence. Elle avait hâte de me voir venir, mais quand ce serait possible, quand cela ne me dérangerait pas trop dans mon travail, surtout s'il allait bien… ainsi que je le souhaitais. Peut-être aimerais-je venir au printemps, quand il ferait beau.

Quand il fera beau !… quand il fera beau !… se mirent à scander les rails.

J'étais alors à Rawdon, village des Laurentides, qui fut à ma barque ballottée l'un de ces bienheureux havres. J'y logeais, à l'extrémité du village, dans une grande maison de bois de style gingerbread, chez une vieille dame irlandaise qui prenait de moi un soin presque maternel pour un très raisonnable prix de pension. J'y avais une chambre spacieuse, claire, pas très bien chauffée cependant. Engoncée dans un épais chandail à col roulé, les pieds enveloppés de laine, je tapais à ma petite machine portative de six à huit heures par jour. Mon vieux compagnon de vie, ma constante chimère, le sentiment que j'allais bientôt toucher au but, me tenait toujours lieu de soutien. Le même but vers lequel je cours encore à près de soixante-douze ans et dont je me demanderai sans doute si j'en ai le temps avant de mourir quel il était.

Pour l'instant, à Rawdon, il se ramenait à amasser au plus vite l'argent qu'il me fallait pour revenir au Manitoba m'occuper de maman et la faire soigner le mieux possible. J'écrivais article sur article pour le *Bulletin des agriculteurs,* en m'appuyant sur la documentation que j'avais recueillie au cours de mes voyages de l'été et de l'automne précédents dans diverses régions du Québec et d'ailleurs. J'écrivais aussi des contes, des nouvelles. Le petit vieux mari de ma logeuse, qui entendait crépiter ma machine à écrire du matin au soir, s'inquiétait de me voir ne descendre les rejoindre qu'aux repas.

— Qu'est-ce qu'elle a, crois-tu, à taper tout le temps sur cette machine?

— Elle écrit des choses, répondait sa petite vieille.

— Comme t'en lis le soir dans ton *Family Circle*?

— Ça doit.

— C'est quand même curieux, ne trouves-tu pas, à son âge, de passer son temps à se raconter des histoires. Est-ce que c'est pour elle, penses-tu, qu'elle les invente ou pour des gens?

— À la fin, tu m'en demandes trop, Charlie. Est-ce que je sais, moi!

Tels étaient des bouts de leurs conversations qui me parvenaient par la bouche de chaleur, laquelle m'en envoyait justement si peu.

— Est-ce du travail d'après toi? demandait encore Charlie.

— C'est sûrement du travail, disait-elle.

Alors, peut-être apitoyé sur mon sort, le petit

vieux s'avisait que je pouvais ne pas avoir assez chaud assise là-haut sur la même chaise pendant des heures à ne bouger que des doigts, et il se décidait, un peu contre le gré de sa femme, ménagère sur le chapitre du chauffage, à mettre une autre bûche dans le poêle, élan pour lequel je lui ai encore aujourd'hui de la gratitude, surtout s'il l'avait choisie de bouleau enroulé d'écorce qui flambait aussitôt, m'envoyant sur les genoux une généreuse onde de chaleur. Eux aussi, mes petits vieux de Rawdon, au cours de mes années de constants déplacements où j'aurais pu n'être partout qu'une simple passante, me créèrent, à leur manière, une sorte de chez-moi[4].

J'avais déjà alors mis en marche *Bonheur d'occasion*, né, au fond, sans que je le sache, ce soir où j'avais rêvé sans but au bord du vieux canal Lachine[5]. Mais je n'y travaillais que deux ou trois mois par année, quand j'en avais fini avec mes reportages pour le *Bulletin des agriculteurs* et pouvais revenir entière à cet ouvrage qui devenait un immense manuscrit. Ayant eu tant de fois à le mettre de côté, le miracle est que j'aie pu, moi qui redoute tellement le fil interrompu[6], le reprendre là où je l'avais laissé cinq ou six mois auparavant et enchaîner sans trop perdre le ton, le rythme ni l'essentielle souffrance décrite, et surtout sans cesser de croire moi-même à cette histoire.

Est-ce que j'en reprenais des pages ou n'en étais-je pas plutôt à écrire ce qui me rapporterait de quoi payer ma pension, lorsque j'appris que maman était gravement malade ? Tout ce que je me rappelle, c'est que je redoublai d'efforts et travaillai en forcenée.

Beaucoup de ma production de ce temps-là, brouillons hâtifs, ébauches mal engagées, volait évidemment au panier comme y vole sans doute la moitié des écrits de la plupart des écrivains, et ainsi prend donc ce chemin navrant une grande part de leurs forces vives, de leur vie elle-même.

Je ne m'interrompais que pour faire de temps à autre une brève promenade en ski l'après-midi lorsque la vue des joyeux étincellements sous le soleil de la neige fraîchement tombée parvenait à me tirer hors de mes inventions vers le réel dont je m'émerveillais encore malgré tout. Mais auparavant je clignais un peu des yeux comme si pendant un moment je n'avais pas été tout à fait sûre s'il était dans les écrits ou dans ce qui me menait à écrire.

Invariablement je prenais le chemin des petites collines de Saint-Alphonse-de-Rodriguez. C'était d'ailleurs à cause d'elles que j'étais venue m'installer à Rawdon, pour être proche des paysages et des souvenirs dont ma mère m'avait parlé tout au long de mon enfance. Et en un sens les collines étaient encore plus en moi par la mémoire que par mon regard qui en saisissait le doux profil bleuté au-delà de la plaine de neige.

En fait, depuis que je savais maman malade, je n'avais cessé d'aller vers elle, inconsciemment ou non, par mes écrits que je faisais au plus vite pour gagner l'argent du voyage, par les lettres que je lui écrivis alors tous les jours, je pense bien, même par ces promenades où je partais le cœur lourd. Mais bientôt, à tant penser à elle, je m'apaisais. C'était comme si elle m'eût rejointe pour faire route avec moi puisque nous allions dans le même sens, là où elle avait été heureuse, et auprès de moi, je ne sais par quelle magie, je la sentais rajeunie, encore bien portante, et moi-même, de lui rapporter sa jeunesse, me sentais aussi soulagée.

Un jour, me précédant de peu sur la route enneigée, je vis une sorte de long traîneau sans siège, bas et plat, sur lequel se tenait un fermier qui conduisait, debout, à petite allure, les rênes réunies dans une main, un gros cheval roux. Je le rejoignis et lui demandai s'il consentirait à me tirer un bout de chemin, sur mes skis, reliée par une corde à son traîneau. Il trouva la chose plaisante et m'aida à fixer la corde autour de ma taille. C'est ainsi que sans fatigue j'allai ce jour-là beaucoup plus loin que de coutume au sein des collines. Parmi les plus refermées, je me figurai avoir atteint l'emplacement au-dessus de la rivière L'Assomption où avait dû se dresser, sur l'escarpement, la petite maison à deux corps de logis, haut et bas-côté, où était née maman. Tout ici me semblait correspondre à la description qu'elle en avait cent fois reprise. Je ne pense pas l'avoir vue aussi nettement que ce jour-là, débordante de vie comme elle avait dû être, alors qu'à mes yeux n'apparaissait rien d'autre que de la neige poudrante entre des épinettes figées. Au retour, je lui fis la description minutieuse, dans une longue lettre, du lieu solitaire tel qu'il m'était apparu, m'attachant surtout à rendre son silence émouvant et la teinte du ciel, d'un mauve délicat, au-dessus de la crête d'où, enfant, elle avait dû venir regarder le monde, la vie, et tâcher de percevoir ce qu'elle deviendrait. Je ne savais pas que je l'aidais mieux ainsi que tous les remèdes à surmonter les défaillances d'un cœur usé et que, de la sorte, si seulement je m'y étais appliquée plus tôt, je l'aurais peut-être guérie[7].

Un long coup de sifflet du train retentit comme jusqu'au plus profond de ma vie. Le convoi, en ralentissant à peine, traversa une petite ville fortement éclairée, puis de nouveau nous enserra la noire forêt.

Avait-il seulement existé le temps où, le visage collé à la vitre du train en marche, je ne perdais rien de ce qui s'offrait à ma vue, vite emporté, vite disparu, pourtant à jamais inscrit dans ma mémoire et qui me semblait lié à l'imprévu même de la vie par lequel elle m'avait si fortement captivée ? Maintenant est-ce que je voyagerais encore jamais sans entendre monter en moi la plainte, toujours la même, que maman m'était à jamais enlevée ?

Aucune larme ne m'était encore pourtant venue. J'avais les yeux secs d'une fiévreuse. Je n'étais pas encore, j'imagine, entièrement livrée à la peine, trop étourdie, trop abasourdie par le choc pour en ressentir toute la force. Et la noire forêt défilait toujours de chaque côté du train. J'ouvris mon sac, en sortis le télégramme que je relus avec un avide entêtement comme s'il allait pouvoir m'en apprendre plus qu'il en disait. Mes yeux scrutèrent le mot « décédée ». Bien plus que le mot « mort » auquel on est malgré tout habitué, il me sembla détenir un sens inviolable, impénétrable, de tout temps et à jamais obscur. À travers son lourd mystère dut m'atteindre enfin le sentiment de l'irrévocable car je pense avoir gémi encore une fois à voix haute. « Pourquoi ne m'as-tu pas attendue ? » ai-je demandé dans le noir devant moi. Je tournai ensuite vivement les yeux vers les passagers proches, inquiète de ce qu'ils pouvaient penser de mon comportement. Personne ne m'avait apparemment entendue. Les gens rêvassaient, jouaient aux cartes, lisaient des journaux, causaient entre eux à voix basse. Il n'y avait que les arbres défilant toujours dans la vitre sombre à voir mon visage détourné et je continuai le voyage avec eux seuls comme compagnons, ces grands arbres mystérieux aux bras tristement levés comme s'ils prenaient le ciel à témoin que toute vie à la fin est vraiment trop pénible.

C'est en cette nuit de juin 1943[8], quelque part dans une forêt de l'Ontario, que commença entre ma mère et moi le singulier échange de voix où c'est pourtant moi seule qui reçois ses confidences à travers le silence, ou plutôt la longue quête inépuisable que l'on poursuit d'un être disparu, qui ne peut avoir de fin qu'avec notre propre fin, puisque ce n'est jamais qu'à travers notre seule expérience que nous connaissons la sienne, à travers notre maladie sa cruelle maladie, à travers notre ennui son intarissable ennui, à travers notre mort ses derniers instants solitaires. Ainsi il est à jamais trop tard pour seulement faire savoir à l'être que nous aimons combien nous le comprenons et comprenons sa pauvre vie dont quelque détail jusque-là nous a toujours manqué.

Pourtant, il est bien vrai que cette fois, lorsque je reçus le télégramme, je touchais au but, j'y étais pour ainsi dire. J'étais revenue, fin avril ou début mai, à Montréal habiter chez Miss McLean où je logeais périodiquement depuis trois ans, ayant quitté, pour venir chez elle, ma première petite chambre au bout de la même rue, mais de l'autre côté, et qui se trouvait à surplomber le quartier Saint-Henri. Miss McLean cette fois m'avait donné une chambre de façade, grande, tout en haut au troisième, loin des bruits de la maison, et qui recevait le soleil une grande partie de la journée. De beaux ormes atteignaient à la hauteur de ma fenêtre et sans trop me dérober de lumière berçaient leur jeune feuillage sous mes yeux. Tout ce petit bout de la rue Dorchester, entre Atwater et Greene, était alors charmant, ombreux, verdoyant, agreste même, avec ses oiseaux familiers et ses écureuils qui, n'arrêtant pas de sauter d'arbre en arbre, paraissaient toujours en visite d'une maison à l'autre. Jadis maisons de maîtres, en pierre douce, avec leurs magnifiques portes de bois, elles étaient fort belles et pour l'instant bien entretenues encore, quoique déchues la plupart au rang de « maisons de chambres » ou de petits meublés. Après l'horrible chambre de la rue Stanley et celle de l'autre côté de la rue Dorchester, guère plus attirante — un vrai four sous son toit chauffé à blanc — je m'estimais fortunée d'avoir trouvé à si bien me loger dans un quartier aéré, à deux pas seulement de cette espèce de ferme que possédaient, à côté de leur couvent, les Sœurs de la Congrégation de Notre-Dame, occupant un quadrilatère dont j'allais souvent faire le tour, le soir, saluant le fermier qui, sur la véranda d'une vraie petite maison de campagne, fumait sa pipe en se berçant au milieu des champs de navets et de maïs. Je revenais toujours enchantée de cette promenade qui me procurait le délicat plaisir de retrouver en pleine ville la paix de la campagne. Non loin il y avait le charmant parc de Westmount que je fréquentais régulièrement. Que j'aurais trouvé alors d'avantages à ma vie si seulement elle m'en avait laissé le temps ! Mais j'étais toujours talonnée pour livrer les articles, contes et nouvelles dont je vivais. Puis, soudain, tout s'était précipité. En un rien de temps, ma vie avait pris une toute nouvelle tournure.

Le train semblait avoir acquis plus de vitesse encore. Dieu, que ces arbres aux bras levés courant maintenant à toute allure dans la nuit disaient comme rien d'autre encore ne me l'avait dit la tristesse de vivre ! Tout à coup je pris conscience qu'il y avait trois jours seulement que s'était produit cet événement qui avait changé ma vie, et je secouai la tête comme dans le doute que si peu de temps se fût écoulé depuis ce moment où j'avais été encore heureuse. Une impitoyable étendue, cruelle, grise et sans bornes paraissait pourtant à jamais m'en séparer.

Arrivée au *Bulletin*, j'avais été avertie que le rédacteur en chef désirait me parler et priée d'attendre un peu. Ils étaient assez contents, je pense, à la revue, de mes articles et me rémunéraient bien, à ce qu'il me semble, pour ce temps-là, me versant cinquante dollars pour les reportages et me prenant tout ce que j'apportais. J'avais pourtant donné au journal *Le Canada* mon reportage sur la route de l'Alaska, qui avait été quelque peu remarqué, et c'était à ce propos que le rédacteur en chef désirait me parler.

— Nous aimerions nous assurer l'exclusivité de tout ce que vous écrivez, me dit-il.

— Cela vaut plus, à ce qu'il me semble, lui fis-je remarquer.

— Bien sûr ! Que demandez-vous ?

Prise de court, enhardie par mon puissant besoin d'argent, je lançai le chiffre qui me vint à l'esprit, si énorme que sûrement on allait me le refuser.

— Deux cent soixante-quinze dollars !

Pourquoi ce chiffre plutôt qu'un autre, je n'en ai encore aujourd'hui aucune idée. Peut-être correspondait-il à quelque budget utopique que j'avais pu établir.

— C'est accordé, dit le rédacteur en chef avec une promptitude qui me donna à comprendre que j'aurais pu obtenir davantage.

Je n'en eus pas de regret. La somme me paraissait stupéfiante, et les conditions offertes étaient des plus avantageuses. Je toucherais la somme offerte chaque mois, tout au long de l'année, en retour de huit reportages seulement que je serais tenue de livrer. J'aurais donc quatre mois de l'année à moi pour les consacrer à ce que j'appelais mon travail personnel et qui consistait alors à rédiger des chapitres de *Bonheur d'occasion* et peut-être quelques nouvelles.

Je revins presque au galop chez Miss McLean. C'était un vendredi. Tôt le lendemain, dès le réveil, j'étais à ma petite table à écrire devant la fenêtre, à apprendre la nouvelle à maman. Enfin je pouvais mettre en mots ce que je brûlais de lui annoncer depuis des années : elle allait recevoir de moi une somme assez importante tous les mois, cinquante dollars au moins, peut-être plus parfois ; mais surtout je m'engageais, elle partie, à prendre Clémence à ma charge sa vie durant.

Depuis son infarctus, c'était cette assurance qui lui importait le plus, inquiète du sort de Clémence à en oublier le sien. Elle m'en glissait quelques mots timides dans ses pauvres lettres qu'elle avait recommencé à m'écrire, à peine remise, dont quelques-unes m'avaient été envoyées inachevées sans peut-être qu'elle s'en fût aperçue... mais, sur le point de s'ouvrir complètement le cœur, elle se retenait, incapable, pour en être délivrée, de me charger de son angoisse. De mon côté, dans chacune de mes réponses, je venais au bord de lui promettre que je veillerais sur Clémence, et j'étais moi aussi retenue, peut-être par une sorte d'honnêteté, car dans ma vie je n'ai guère fait de promesses à la légère et me suis presque toujours crue liée irrévocablement par celles que j'avais pu faire[9].

Une autre forêt relayant la première continuait à accompagner le train. Les arbres me faisaient maintenant penser à des êtres malheureux qui eussent couru à nos côtés en sens inverse sans savoir où ils allaient eux aussi, perdus autant que nous, les humains, en cet univers.

Je me revis à ma petite table, ce samedi matin, donc hier, tout près de la fenêtre par laquelle entrait un pan de ciel clair que les cimes des arbres semblaient balancer en se le passant de l'une à l'autre. Enfin j'écrivais la phrase que j'avais si longtemps désiré écrire : « Sois sans inquiétude au sujet de Clémence… quoi qu'il arrive je prendrai soin d'elle… » Je me rappelai la joie que j'avais éprouvée en traçant ces mots, une joie qui dans ma pensée jamais plus ne serait joie, de même que ne serait plus joie celle que j'avais ressentie à lui annoncer que la semaine prochaine je serais auprès d'elle.

Ma lettre écrite, timbrée au tarif du courrier aérien, j'étais allée à la course la déposer à la grande poste de la rue Sainte-Catherine. Puis j'étais revenue lentement par la rue Dorchester. Et d'où vient qu'accompli enfin ce que je devais faire, je ne me sois pas sentie délivrée, mais au contraire la proie d'une intolérable angoisse. Brusquement elle était sur moi, sans motif auquel je puisse la rattacher, une de ces angoisses telles que j'en ai subi quelquefois quand se produit au loin un malheur me touchant, dont je n'ai pas encore été avertie.

Au lieu de rentrer chez moi, je partis errer dans la ville comme pour dénouer cet inexplicable étau qui me serrait le cœur. Bientôt je décidai plutôt de descendre vers le refuge qui n'avait jamais manqué de m'être consolateur depuis que je l'avais découvert peu après mon arrivée à Montréal et où j'étais retournée tant et tant de fois.

Je pris l'autobus de Verdun, fis la correspondance avec celui de Ville LaSalle et descendis à peu près à la jonction des deux villes, dans une sorte de no man's land qui faisait campagne, avec une vieille ferme encore debout, cabane et grange branlantes, avec des espaces non lotis et des champs hauts de mauvaises herbes. Mais surtout, le boulevard LaSalle longeant le fleuve de près, on n'avait qu'à le quitter, descendre un talus pour se trouver dans une tout autre atmosphère. Déjà on n'entendait plus les bruits de la circulation, perdus dans le grondement de l'eau. (À cause de lui, des années plus tard, je viendrais me chercher un appartement non loin et y vivre un peu plus d'un an[10].) Seuls ici dominaient l'eau, le ciel, et de multiples espèces d'oiseaux parmi lesquelles les carouges à épaulettes qui, en volant bas, mettaient partout parmi les herbes et la verdure des bords du fleuve l'éclat de lumière jaillissant d'entre leurs ailes ouvertes. J'affectionnais particulièrement une anse arrondie au pied d'un immense orme comme il y en avait alors de si beaux dans ces parages, de deux ou trois cents ans d'âge, et que l'on allait bientôt abattre au bulldozer pour faire place à un coin de rue tracé à l'équerre.

Tout au bord de l'eau, protégée des regards par mon orme, j'étais souvent restée des heures assise immobile et presque toujours en paix dès que m'avait envahie la lointaine voix des rapides de Lachine. À

Lachine même, elle devait remplir l'air d'un fracas à la longue sans doute fatigant à entendre, mais il en parvenait ici juste assez pour former une sorte de chant puissant et retenu. J'écoutais ce chant au fond indéchiffrable, je fixais le tourbillonnement de l'eau où se brisait le courant, à la pointe d'une petite île qui se trouvait à peu près vers le tiers du fleuve en sa largeur, et d'habitude je n'étais pas longue à me sentir moi-même emportée par le chant et par le courant.

Mais ce matin-là — hier donc — ni le grondement amical, ni la vue de l'eau, ni même le tendre clapotis de vaguelettes contre la berge n'avaient réussi à briser l'étau du pressentiment qui me tenait. J'étais repartie tout aussi agitée que j'étais arrivée une heure auparavant. J'avais arpenté la promenade en bois de Verdun. Tout me refusait secours de ce qui tant de fois m'en avait apporté. Finalement j'avais repris l'autobus. J'en étais descendue à mon arrêt habituel, et qu'est-ce qui m'avait prise, plutôt que de revenir à la maison toute proche, de repartir pour aller, rue Sainte-Catherine, vers le centre-ville, me mêler à la foule nombreuse comme si c'était d'elle à présent que j'attendais du bienfait?

Depuis des heures, Miss McLean m'attendait dans la plus vive impatience. Dès l'arrivée du télégramme, comme elle savait ma mère malade, elle avait craint pour moi. Elle m'avait fait chercher dans le parc Westmount où j'allais souvent, dans la bibliothèque qui y est située, même dans des boutiques avoisinantes. Elle avait dépêché Pat Cossak arpenter une partie de la rue Sainte-Catherine dans l'espoir de m'apercevoir parmi la foule.

C'était un samedi. Presque tous les pensionnaires se trouvaient donc à la maison, Miss Finley, Solange, Gertrude, les French, Pat, d'autres encore. Ils avaient surgi de leur chambre à mon retour et m'avaient entourée de leur silence inquiet. Miss McLean m'avait tendu le télégramme. Elle avait dit comme pour s'excuser :

— Il est arrivé depuis des heures. Vous veniez tout juste de tourner le dos lorsqu'il a été livré.

Et c'est seulement maintenant, une demi-journée après l'avoir entendue, que la phrase de Miss McLean m'atteignit enfin, à bord du transcontinental, son sens me devenant clair tout à coup. Ainsi, à l'heure où je courais à la poste y déposer ma lettre, il n'était déjà plus le temps de réjouir ma mère, il n'en avait déjà plus été le temps au moment où je lui écrivais dans le chaud rayon de soleil entré par la fenêtre. C'était à une morte que j'écrivais. C'était à une morte que j'offrais mon secours qui avait trop longtemps tardé.

Une petite ville, toutes lumières scintillantes, glissa vivement le long du train, et de nouveau nous engloutit la nuit profonde. Je me sentais moi-même aspirée en de noirs tourbillons de peine comme je ne pense pas en avoir connu de plus amère même à la mort, en moi, d'un amour qui m'avait fait vivre. À la douleur d'avoir perdu ma mère se mêlait, se mêlerait à jamais celle de m'être fait dérober le bonheur que j'aurais eu de lui en apporter une part avant qu'elle ne m'eût quittée.

Alors enfin me vinrent des larmes. Je ne pus bientôt plus retenir des sanglots. Des gens commencèrent à se tourner vers moi, sympathiques ou curieux. Je m'enfuis pour pleurer sans témoins dans les toilettes. Le train prenait une courbe à grande allure. Il m'envoya me cogner à une paroi puis à une autre. La locomotive, loin en avant, lançait des cris qui semblaient arrachés à l'infinie souffrance des êtres. Mes sanglots redoublèrent. J'allais, aveuglée par les larmes, secouée de révolte, me frapper partout.

Alors entrèrent deux jeunes femmes, leur nécessaire de toilette à la main, qui venaient sans doute se préparer pour la nuit. Les W.-C. étaient à part du petit cabinet où je me trouvais. À ma vue, les deux jeunes femmes se figèrent de surprise, puis l'une, tout inquiète, s'approcha pour me demander si je n'étais pas malade.

Je fis signe que non et parvins à me recomposer un visage. Les deux jeunes femmes continuaient à me regarder d'un air si bouleversé que je ne pouvais les laisser sans explication. Ainsi c'est à des étrangères que j'appris en premier lieu que ma mère était morte. De l'avoir dit à voix haute dut me rendre l'évidence plus indéniable et poignante, car je repartis à pleurer.

Il y avait dans cette cabine un banc étroit fixé le long du mur. Les jeunes femmes me firent asseoir et, prenant place chacune à mes côtés, cherchèrent à me consoler. L'une lissait mes cheveux en silence avec un geste tendre que je revois encore. Elle pleurait aussi, je pense. L'autre posa contre ma joue inondée la sienne qu'elle eut toute mouillée de mes larmes. Elle me tenait la main. Elle disait avec un entêtement étrange, comme s'il était au moins dans le pouvoir humain de récuser la mort : « Ah non ! Ce n'est pas possible ! Ce n'est pas possible ! »

À l'approche d'un convoi en sens inverse, notre train lança un autre de ces longs cris plaintifs qui depuis lors n'ont cessé de me déchirer chaque fois que je les entends, venant de si loin me remettre en mémoire que nous sommes infiniment seuls, malgré la tendresse des êtres, à nous débattre au sein de la désolation. J'entendis de nouveau la protestation vaine : « Ah non ! Ce n'est pas possible !… » que j'ai par la suite tant de fois entendu prononcer au sujet de la mort et que j'ai peut-être moi-même un jour ou l'autre prononcée sans trop entendre ce que je disais.

Où étions-nous au juste, quelle heure pouvait-il être lorsque je commençai à me raconter à deux personnes dont je pense n'avoir même pas connu le nom ?

À travers des larmes et parfois un sourire distrait, je disais combien depuis toujours je m'étais hâtée pour venir au secours de ma mère. À l'arrière, le vacarme du train était plus fort qu'en avant. Je devais hausser le ton pour me faire entendre. Avec cette voix qui ne me paraissait pas la mienne, je racontais une vie qui ne me paraissait pas non plus avoir été tout à fait la mienne.

Nos difficultés d'argent enfin résolues comme par magie hier seulement, disais-je, le miracle enfin accompli, je m'étais précipitée pour apprendre à ma mère la bonne nouvelle. Jamais plus nous ne serions pauvres, tourmentés au sujet de l'avenir, jamais plus nous ne connaîtrions la gêne qui toujours nous avait à tous, à elle surtout, coupé les ailes. C'est tout juste, avouai-je à mes amies de l'instant, si dans ma folle présomption, je ne promettais pas à ma mère le bonheur à jamais, la paix à jamais, ces biens qui ne sont pas à nous pour en assurer à d'autres le partage.

Et maintenant !... Maintenant !...

Je ne parvenais pas à terminer l'histoire, car chaque fois que je venais sur le point de la mettre en paroles, elle me paraissait si implacable que ma gorge se nouait, mes mots se perdaient dans des sanglots. Enfin je réussis à faire comprendre à mes compagnes que ma mère ne vivait déjà plus au moment où je lui écrivais qu'allait commencer pour nous le temps du bonheur[11].

— Ce n'est pas possible ! Ce n'est pas possible ! protesta encore l'une d'elles.

L'autre, qui m'avait lissé les cheveux, me demanda si j'avais songé à me munir d'un sédatif.

Comment aurais-je eu le temps d'y songer ! Je n'avais eu que quelques heures pour remplir une valise, acheter mon ticket, me procurer l'argent pour partir. Ç'avait été le plus difficile. Car on était samedi, les banques étaient fermées, je ne pouvais retirer l'argent que j'y avais qui d'ailleurs n'eût pas suffi. Mes gens, entre eux, à la maison, s'étaient mis en frais de recueillir la somme qu'il me fallait. Miss McLean avait fait le tour des chambres. Elle avait avancé elle-même vingt-cinq dollars, ce qui dans son cas était presque un miracle, car elle était toujours à court d'argent, elle nous demandait souvent une petite avance sur le mois à venir pour acquitter ses factures pressantes.

Je m'écoutais parler, en disant plus long sur moi-même à des confidentes d'un soir que j'en avais dit jusqu'alors et en dirais de longtemps, sauf maintenant que j'en suis encore à me livrer au fond à des étrangers. D'où vient aussi qu'ils m'ont mieux entendue souvent que mes proches? Pat Cossak avait également avancé vingt-cinq dollars, et les autres, l'un dix, deux autres cinq chacun. Quelques-uns pour faire leur part avaient dû l'emprunter à des amis. À la fin, il me manquait quand même une vingtaine de dollars, et ma logeuse avait eu l'idée d'aller l'emprunter au dépanneur du coin de qui nous n'achetions pourtant presque rien, mais elle lui avait raconté que j'avais reçu la nouvelle de la mort de ma mère juste au moment où je lui écrivais que nous étions sauvées. L'histoire émut tellement le Grec, qui en avait peut-être vécu une semblable, qu'il ouvrit sur le coup son tiroir-caisse et en tira un billet tout neuf de vingt dollars.

C'est peut-être à ce point de mon récit, dans mon désarroi ou envahie par un sentiment de gratitude, que je passai à mon tour un bras autour de chacune de mes compagnes. Ainsi reliées dans l'étroite cabine, nous eûmes l'air, j'imagine, de créatures encordées. J'eus pour elles un sourire qu'elles me rendirent par un tout aussi triste sourire lorsque je leur confiai que ce qui me paraissait le plus singulier, en cette si dure vie, c'est que n'y mourait pas malgré tout l'élan de venir en aide au trop vaste malheur appelant de tous côtés, de toutes directions. Elles m'approuvèrent et de les voir m'approuver me porta à mieux saisir encore les atroces contradictions de la vie. Je repartis à pleurer.

L'une fit signe à sa compagne qui sortit de son nécessaire un cachet qu'elle m'offrit avec un peu d'eau dans un gobelet de carton.

— Prenez, dit-elle, il vous faut absolument vous reposer.

J'avalai le cachet en toute docilité.

— Maintenant, dit l'une d'elles, il faut venir vous coucher, tâcher de dormir.

— Je ne le pourrai pas.

— Il faut essayer. Et même si vous ne dormez pas, de vous allonger vous procurera quelque repos.

Je me levai pour les suivre. Elles vinrent s'assurer que mon lit était prêt derrière le rideau tiré. Elles m'indiquèrent où étaient les leurs pour le cas où j'aurais besoin de quelque chose et me prièrent de ne pas me gêner pour faire appel à leur aide. Avant de me quitter, elles m'embrassèrent, en sœurs aimantes, sur les joues. Leur geste me porta à une nouvelle crise de larmes. Assises sur le bord du lit, elles m'entourèrent les épaules et renouvelèrent leurs efforts pour tenter de me consoler. Et moi je les retenais comme si elles étaient devenues mes seules amies dans le monde. Enfin mes paupières commencèrent à s'alourdir. Me croyant sur le point de m'endormir, elles me quittèrent et prirent soin de fermer derrière elles les boutons à pression des rideaux.

Je ne dormis pas… ou si peu. Peut-être cinq minutes à la fois, à deux ou trois reprises. Juste le temps de perdre un peu conscience afin de retrouver, avec le réveil, ce que Montherlant, je crois, a appelé la terrible nouveauté du malheur. Cette terrible nouveauté, je pense l'avoir éprouvée, ne s'atténuant guère avec le temps, pendant des mois et des mois, peut-être toute une année[12]. Le sommeil fut long à me revenir.

J'avais encore un jour et une autre nuit à passer dans le train. Je ne me rappelle pas avoir revu mes deux amies inconnues. Mon lit redevenu banquette, j'y étais restée assise dans l'encoignure près de la fenêtre sans bouger, les yeux clos presque tout le temps. Elles avaient pu me surprendre ainsi, en passant, croire que je dormais et ne pas se décider à me déranger.

À la vérité, je ne dormais ni ne pensais vraiment. J'écoutais les rails. Ils me disaient que c'est un malheur infini que d'être venu au monde[13]. Par moments, je ne savais pas si je n'en voulais pas plus à maman de m'avoir mise au monde que d'être morte.

De temps à autre j'ouvrais les yeux et fixais sans intérêt le lac Supérieur qui nous accompagnait depuis des heures. À chacun de mes voyages, avant, il m'avait tenue en haleine, enivrée par la vision, au milieu de l'immensité de terre du pays, de cette immensité d'eau douce. Le sentiment de sa beauté me parvenant d'un temps où elle m'était perceptible me remplissait d'un étonnement douloureux. Comment donc avais-je pu prendre du bonheur à voir défiler toute cette eau sous tant de ciel indifférent ? Ce me fut presque un soulagement lorsque surgirent à nouveau les forêts accablantes de notre pays.

Je dormis un peu mieux la nuit suivante mais mon réveil n'en fut que plus désespérant.

Je devais descendre à Winnipeg vers les neuf heures. Je cherchai hâtivement les deux jeunes femmes de la cabine. Je ne les trouvai pas. J'ai encore sur le cœur de ne pas leur avoir fait mes adieux, elles grâce à qui ce sombre voyage, comme accompli tout au long à travers la nuit, dans mon souvenir s'éclaire à la douce lueur de la compassion.

II

Germain m'attendait à la gare. Il se hâta à ma rencontre, me prit par la main et, en silence, m'entraîna comme si j'étais redevenue une enfant à ses côtés. Et je me laissais conduire telle une enfant que ce geste justement de se faire prendre par la main rassure.

Nous n'avions jamais été très près l'un de l'autre, Germain et moi. Quand j'étais une petite fille de six ou sept ans cherchant à le suivre partout comme un jeune chien, lui, adolescent, n'avait en tête que de se débarrasser de moi qu'il appelait « la petite teigne ». Quand je fus à mon tour adolescente, gauche, timide, il était un beau jeune homme instruit, sûr de lui-même à ce que je croyais, et je pensais inutile de chercher seulement à attirer son attention.

Portant ma valise et tenant toujours ma main tendrement enserrée dans la sienne, il se fit pardonner en un instant le peu d'affection qu'il m'avait marqué jusqu'alors et, je pense bien, d'avance, le mal qu'il pourrait jamais me faire. Ce que j'avais encore à apprendre peu à peu, avec la vie, c'est qu'au fond il éprouvait pour moi une vive tendresse. Mais il souffrait du terrible mal qui avait affligé mon père, et nous avait tous, de la famille, plus ou moins affligés, cette incapacité, ou la gêne peut-être, comme si c'était une faiblesse, de se montrer affectueux.

Nous nous sommes retrouvés, une partie de la famille[14], chez mon neveu Fernand, le fils aîné d'Anna, la maison de ma sœur à Saint-Vital se trouvant trop éloignée pour des allées et venues de chez elle à la chapelle ardente où était exposée maman. Fernand et Léontine, sa femme, m'invitèrent à loger chez eux. Germain y était déjà depuis la veille. Je me rappelle que pendant un assez long moment nous sommes restés assis en silence sur le canapé et des fauteuils du salon, tel un groupe de personnes ne se connaissant pas bien entre elles et qui n'auraient pas su comment entamer la conversation. « Où est Clémence ? » ai-je demandé à la fin. Quelqu'un a répondu : « À la maison… » entendant par là le petit appartement où elle et maman avaient vécu au cours des deux dernières années. Alors j'ai dit : « On ne peut la laisser seule. Je veux aller la trouver. »

C'est Paul, le deuxième fils d'Anna, qui m'y conduisit.

Je me trouvai devant une maison en bois, propre, convenable, quoique moins grande et belle que la nôtre jadis. J'y étais venue l'été précédent, au retour de mon voyage de reportages, quand je m'étais arrêtée y passer quatre jours. Pourtant j'avais le sentiment de la voir pour la première fois, et peut-être que je ne l'avais vraiment pas vue avant, trop distraite, trop accaparée par

44

mes propres pensées pour seulement prendre le temps de bien la regarder. C'est à l'étage, dans deux pièces de façade aménagées en un petit appartement, que maman avait vécu les dernières années de sa vie. Maintenant je ne pouvais détacher mes yeux de ces deux fenêtres où si souvent, telle que je la connaissais, elle avait dû s'approcher pour jeter un coup d'œil dans la rue et guetter si peut-être quelqu'un ne venait pas. Comme elle avait dû s'y ennuyer, n'ayant d'autre horizon à contempler que cette petite rue Langevin à maisons de bois.

Cette fois c'était Clémence, à la fenêtre, qui avait dû surveiller la rue, car dès que j'ouvris la porte qui donnait immédiatement sur l'escalier montant à l'étage, je l'aperçus, tout en haut, qui m'attendait.

Nous nous sommes longuement regardées de bas en haut, de haut en bas, avant de nous précipiter l'une vers l'autre. J'ai encore et aurai tant que je vivrai présent à l'esprit son petit visage tel qu'il m'apparut en haut de l'escalier sombre. Cet être qui avait dû être si malheureux, comme c'est curieux ! maintenant que j'y pense, aucun de nous ne l'avait apparemment vu pleurer. Rire, oui, quelquefois, et même de bon cœur quand elle se sentait en confiance et qu'elle était au meilleur de sa santé toujours menacée. Et même nous faire rire beaucoup avec des remarques très drôles et presque toujours inattendues, ce qui n'est pas fait pour surprendre car l'humour est souvent le cadeau sans prix envers le monde des êtres les plus souffrants.

Cette fois cependant, comme j'étais encore au bas

de l'escalier, je vis son visage se tordre à en devenir méconnaissable. Je ne peux assurer que les larmes lui vinrent aux yeux, seulement peut-être pour les mouiller et les faire briller plus que de coutume car il me sembla ne les avoir jamais vus si luisants. Mais déjà j'étais en haut et la serrais dans mes bras en lui disant : « Là!… là!… Nous sommes encore ensemble du moins, toi et moi!…»

Elle m'indiqua le petit lit où maman avait subi sa dernière crise, et qu'est-ce qui nous poussa à nous y asseoir toutes les deux, côte à côte, plutôt que de prendre place sur des chaises ? Clémence me raconta : « C'était vendredi… un peu avant midi… Elle tenait à se lever comme d'habitude pour venir à table. Je lui trouvais mauvaise mine. Je lui avais préparé un plateau. Je lui ai dit : Levez-vous pas aujourd'hui. Mais tu la connais! Quand elle avait quelque chose dans la tête, y avait-il moyen de la faire changer d'idée ? Elle s'usait trop aussi à écrire des lettres. Il fallait qu'elle écrive à tout le monde. À toi d'abord. À Dédette, là-bas, dans son couvent. Même à Anna qui venait pourtant la voir au moins deux fois par semaine. Elle écrivait à Blanche, la fille de Jos, qui attendait un bébé, pour l'encourager et lui demander je pense bien de tâcher d'avoir son bébé au plus vite[15]. Aussitôt ses lettres finies, elle m'envoyait les porter à la poste. J'aimais pas la laisser seule. J'essayais de la faire attendre. Il n'y avait pas moyen. Elle me disait : Plus vite mes lettres partiront, plus vite j'aurai des réponses. Je finissais par tout laisser de côté pour aller poster ses lettres. »

— Et ce vendredi… un peu avant midi ?… ai-je dit pour ramener Clémence, par-delà les méandres de ses souvenirs, au moment qu'elle avait commencé de reconstituer pour moi.

— Elle n'a fait qu'à sa tête. Elle est quand même venue à table. Elle a pris une cuillerée de soupe. Elle a essayé de dire quelque chose. Elle s'est effondrée. J'ai couru en bas chercher madame Jacques. Elle a appelé le médecin. L'ambulance est arrivée. Maman n'a pas repris connaissance… Le lendemain, c'était fini… me dit-elle, ses grands yeux sombres fixés sur moi, dans une sorte d'imploration, comme si elle attendait de moi que je puisse malgré tout quelque chose encore pour cette morte, pour nous deux, pour l'intolérable souffrance de vivre et de mourir.

Je tenais enserrée notre Clémence aux nerfs fragiles sur qui nous nous étions pourtant tous plus ou moins déchargés des soins à donner à une grande malade et j'en éprouvais un mal que rien n'a jamais pu guérir totalement. Au-delà de son épaule, à mon insu j'examinais ce logis où elle et maman avaient fait de leur mieux pour se soutenir mutuellement, et je ne pouvais plus me cacher que c'était un logis tout juste convenable. Ainsi, par ma faute, maman et moi, et elle sans doute encore plus que moi, avions vécu en pauvres chacune à notre bout du monde[16]. Mais moi j'avais encore du temps pour me rattraper, tandis qu'elle c'était sa mort qu'elle avait vue s'approcher dans cette atmosphère de dénuement, et tout ce que je pourrais faire n'y changerait quoi que ce soit. Du coin de l'œil, je notais les deux lits étroits, la commode, la table, quelques chaises, un coin pour faire la cuisine. Il n'y avait rien pour embellir les lieux, qu'aux fenêtres des rideaux un peu fins, restes de notre splendeur de la rue Deschambault, alors que nous ne savions pourtant pas que nous étions loin encore d'être tout à fait démunis. Seule sur une petite table à pattes divergentes, reste aussi de notre salon de la rue Deschambault, une photo de moi était bien à l'honneur. Elle avait dû être prise par David lors du voyage que j'avais fait avec lui et sa mère et où nous nous étions arrêtés, au retour, à Oxford[17]. Elle me représentait debout contre l'admirable grille du Magdalene College, et peut-être avais-je devant les yeux quelque aussi beau spectacle, car ils étaient rayonnants et j'avais les lèvres entrouvertes en un sourire charmé. Telle quelle, dans mon plus joli costume de ce temps-là, du soleil dans les cheveux et dans les yeux, je me fis tellement horreur au milieu de cette pièce qui n'avait guère connu que l'ennui et la gêne que je voulus la retourner face contre la table, peut-être même la détruire. Clémence s'y opposa avec une véhémence qui me surprit : « C'était la photo de toi que maman préférait. Elle voulait toujours l'avoir sous les yeux. Trois jours avant sa mort elle me l'a encore fait déplacer, mettre devant elle, sur cette table. Elle disait que cette photo lui faisait reprendre espoir que toi au moins de tous ses enfants avais peut-être le don du bonheur. On ne cache pas une photo comme ça, à quoi penses-tu ! »

Je laissai donc à sa place la photo qui avait été

la joie de maman et qui m'est douleur chaque fois que j'y pense.

Je dis à Clémence :

— Nous irons tout de suite la voir. Ou veux-tu avant changer de robe ?... car elle me paraissait en porter une bien humble.

— Je peux y aller comme ça, me répliqua-t-elle un peu vivement. J'ai ma meilleure robe.

Paul nous attendait en bas. Il nous déposa à la chapelle ardente. Il repartit aussitôt chercher sa mère à Saint-Vital. Sur le point d'entrer, Clémence me confia à voix basse : « On a choisi ici parce que c'est un peu moins cher que chez l'autre... Figure-toi, maman avait fait demander les prix à l'avance. Elle avait tellement peur de vous laisser gros à payer, à toi et à Germain, pour l'enterrement et tout. Mais elle avait peur aussi que vous ayez honte de la voir exposée en haut chez madame Jacques. Pourtant c'était bien pour y vivre nous deux. Mais, on sait bien, pour la mort, on met des gants. »

Chère enfant ! Dans son innocente sagesse, elle disait des choses que nous reconnaissons vraies dans le secret du cœur mais dont nous n'oserions convenir[18].

Dès le seuil, sur le cercueil ouvert je vis les fleurs. Une gerbe immense ! Le *Bulletin des agriculteurs*, ayant sans doute téléphoné à la maison, avait dû apprendre la nouvelle de Miss McLean. C'est ainsi que le visage de ma mère morte m'apparut d'abord d'entre les œillets et un feuillage délicat.

Elle était seule pour l'instant avec ces fleurs venues de la part de gens pour elle inconnus et du bout du monde. Clémence se pencha, les admira, lut la carte, puis se prit à contempler avidement le visage de maman.

— Ils l'ont un peu arrangée, un peu rajeunie… dit-elle, mais pas trop. C'est bien elle telle qu'elle était avant…

Je vis son visage se crisper et puis se détendre un peu comme elle constatait qu'étaient disparues les traces de souffrance dont elle avait eu le vif souvenir, et elle eut cette autre réflexion d'un cœur innocent :

— C'est beau malgré tout, la mort !

Par délicatesse, je pense bien, pour me laisser à moi seule un moment notre mère, elle s'éloigna dans un coin du salon d'où je l'entendais chuchoter des Avé pendant que de toute mon âme je scrutais le visage de maman.

Le cercueil, le chapelet enroulé à ses mains, les fleurs surtout, je pense, me confirmaient qu'elle était à jamais éloignée de moi et jamais plus n'aurait besoin des biens qu'enfin je pouvais lui apporter. Et que plus rien de tout ce qui lui avait tant manqué ne lui importât plus, au lieu de me réjouir, me désespérait.

Au milieu de ces pensées courtes et aveugles, je pris conscience que son visage réduit recevait d'ailleurs que des fleurs un rayonnement qui, plus encore que la gerbe splendide, démentait ce qui restait encore de visible, chez cet être, des privations dans lesquelles elle avait vécu. C'est que l'encolure de sa robe sombre était égayée par un col de satin d'un ton doux d'ivoire pâle. Comme à moi, le sombre ne lui avait jamais été seyant, lui assombrissant le teint qu'elle avait déjà foncé. Et voici que le visage, même dans la mort resté un peu brun, recevait du col de satin un reflet délicat comme celui d'une lampe à la lueur embellissante.

Soudain je le reconnus. C'était le col dont je ne m'étais plus rappelé au juste, alors qu'au commissariat de police, à Paris, je dressais ma liste d'objets volés, si je l'avais pris avec moi ou laissé à la maison. Il était donc resté derrière moi, et ma tante Rosalie venue habiller sa sœur morte, ainsi que me le raconta Clémence, avait en cherchant parmi ses effets trouvé ce col et jugé qu'il lui irait bien[19]. Je soulevai légèrement le col et vis que c'était plus encore par nécessité que pour la beauté que ma tante avait dû y faire appel, car l'encolure de la robe n'était pas terminée. Maman avait peut-être commencé à se coudre cette robe peu avant sa maladie ou lorsqu'elle avait repris un peu de forces, et n'était pas parvenue à la finir. L'ourlet de l'encolure avait été entamé à petits points assez bien tirés qui étaient devenus plus lâches, inégaux, presque gauches, pour s'arrêter court non loin du but. Ainsi le col de mes jours d'extravagance, que je n'aurais jamais dû acheter, habillait ma mère en beauté pour son ensevelissement. Des larmes me vinrent aux yeux qui semblaient s'être amassées en moi depuis mon départ de la maison, depuis avant ma naissance peut-être, peut-être depuis la source toujours vive en nous du désespoir face au sort fait à l'être humain. Car passé la surprise de la découvrir parmi les fleurs, du satin au cou, je ne pouvais pas ne pas voir que dans ce cercueil pour ainsi dire trop grand pour elle, ma mère n'avait plus l'air que d'une enfant ramenée par la vie trop dure à peine plus qu'à ce qu'elle avait été au départ[20].

Alors résonna dans l'entrée le pas de Dédette. Elle arrivait droit de Kenora. Tout comme moi elle avait été avertie par télégramme. Elle avait fait le voyage de nuit, doutant peut-être elle aussi de l'évidence et sans doute avait, elle aussi, vu fuir le long du train des arbres aux gestes tourmentés. Au cours de la maladie de maman elle n'avait eu qu'une fois la permission de venir lui rendre visite, et encore il avait fallu que cette permission coïncidât avec une réunion importante de la communauté englobant jusqu'à de petits couvents perdus au loin comme le sien.

Au fond de la cornette rigide et presque aussi blanche que celle-ci, m'apparut ce que l'on pouvait y voir de sa petite face pincée et durcie à force de chercher à dominer l'émotion. Nous n'avions jamais été tellement proches l'une de l'autre, elle et moi, sauf en ce moment inoubliable, dans le petit parloir du couvent, où elle m'avait prise aux épaules, me criant d'obéir à ma voie, et m'avait alors insufflé un tel courage qu'aujourd'hui encore il m'arrive d'y venir puiser[21]. Que j'étais encore loin tout de même d'imaginer la place si grande qu'elle allait prendre dans ma vie !

Elle bondit vers moi. La main dans la main, près

de notre mère morte, nous sommes restées longtemps à la regarder sans dire un mot, sans pleurer, abîmées, il me semble me rappeler, dans une douleur profonde, presque tranquille, comme une eau sans fond.

Peu après survint Anna que je trouvai extrêmement abattue, l'air épuisé — en fait, sa santé allait bientôt nous causer de graves inquiétudes. Puis arrivèrent Germain, les neveux, ma tante Rosalie, des amis, des connaissances. La chapelle ardente fut remplie. Je recevais des condoléances, je tendais la joue pour recevoir un baiser de compassion, je disais à mon tour un mot de sympathie ou exprimais des remerciements. J'eus bien peu de temps pour ce qui m'importait le plus : me tenir en silence auprès de ma mère et interroger sans fin cette vie que je m'apercevais à présent ne pas bien connaître, de même que je l'avais fait auprès de mon père dans notre maison de la rue Deschambault[22].

Seulement presque à la nuit, comme nous nous relayions pour la veiller tour à tour, j'eus enfin l'occasion de m'approcher seule auprès d'elle. Il me semblait que je lui devais des explications au sujet des médailles perdues, que c'était ma toute dernière chance d'être franche avec elle. Quand j'étais venue l'été précédent, elle m'avait anxieusement demandé ce qu'elles étaient devenues, comme si elle devinait que je ne les avais plus. Pour la rassurer, je lui avais menti, disant qu'elles étaient en lieu sûr, et pour ça elles devaient l'être, au fond de quelque cours d'eau inaccessible ou toujours quelque part dans les égouts de Paris.

À la lueur vacillante des cierges, j'imaginai alors

capter sur son visage ce haussement de sourcils, une expression qu'elle avait souvent eue dans la vie pour signifier qu'à une chose trop longtemps attendue, trop longtemps espérée, on finissait bizarrement, un jour ou l'autre, par ne plus tenir. Et alors, enfin, on retrouvait une certaine liberté de cœur.

Mais tellement j'avais peu appris encore, je me surpris à lui promettre, tout en pleurant, que j'obtiendrais, pour la consoler et la rehausser, bien d'autres médailles, des dizaines de médailles.

Ce que j'ai fait au reste, à en avoir encore une fois un tiroir plein. Dernièrement je les ai mises dans une caisse et confiées à quelqu'un pour qu'elles soient un poids de moins dans ma vie que, plus je vais, plus je veux allégée.

Plus tard dans la nuit, Dédette revint se placer pour regarder maman seule avec moi en m'entourant cette fois une épaule du bras. Elle ne me dit rien alors de sa peine qui devait être profonde ni non plus du ressentiment qu'elle avait sur le cœur et qu'elle ne m'avoua que des années plus tard. C'est que le télégramme lui annonçant la mort de maman avait été livré alors qu'elle était à ses cours et sa supérieure avait décidé de ne lui en rien dire encore, de la laisser finir sa journée comme si rien n'était puisque de toute façon, il est vrai, elle n'aurait pu prendre le train immédiatement. Ainsi l'horaire de la journée de classe de ma sœur serait respecté, sans mal pour personne, pensait peut-être cette supérieure, et ma sœur, si bien rompue pourtant à la discipline, mit des années à seulement pouvoir parler de cette injure qui lui avait été faite sans frémir d'indignation.

Non, pour l'instant, elle n'était occupée qu'à chercher à me consoler, et elle y arrivait presque, par instants, à force de douce imagination, en me disant que par mes premiers écrits — si pauvres pourtant! — j'avais apporté à maman le sentiment qu'elle devait être une femme exceptionnelle pour avoir donné le jour à une enfant si douée. Je protestais et tenais peut-être malgré tout à croire quelque peu à cette fable.

Quand vint le moment de fermer le cercueil, c'est elle qui détacha des mains de maman son vieux chapelet pour me le donner en souvenir. Je m'aperçus qu'il tenait à peine ensemble, partout prêt à se rompre, rafistolé çà et là avec du fil à coudre.

— Mon Dieu! me suis-je écriée, elle n'avait même plus de chapelet! Regarde, Dédette. Ce ne sont que des bouts épars!

— Et qu'est-ce que cela peut faire! s'écria-t-elle à son tour. Un chapelet ce n'est jamais qu'un chapelet! On peut prier sans cela.

Me tournant vers elle dans l'étonnement, je crus percevoir, au fond du peu de visage que laissaient voir le bandeau et la cornette profonde, un éclair de révolte d'autant plus frappant peut-être qu'il semblait n'avoir pas de place où s'exprimer. C'est dès ce jour que je commençai à me douter que c'était peut-être, de nous tous, Dédette qui en avait le plus à certaines heures contre son Dieu adoré.

Les funérailles eurent lieu mardi mais nous n'avons mis ma mère en terre que le lendemain. Nous attendions Adèle de sa lointaine Rivière-à-la-Paix, qui ne pouvait arriver plus tôt et désirait revoir le visage de notre mère avant l'ensevelissement. Le cercueil fut déposé dans une sorte de petite chapelle rustique — peut-être à moitié cabanon de jardinier — un peu en retrait des tombes, entre de grands arbres que le vent tiède agitait. Ce fut une journée étrange. Maman n'était plus de notre monde, avec nous. Pourtant elle l'était encore quelque peu, à attendre les derniers rites dans cette espèce de petite maison recueillie, au cimetière. Pendant ce temps Adèle roulait. Ce qu'elle voyait fuir, elle, inlassablement de chaque côté de son train, c'étaient les espaces plats, la plaine sans cesse renouvelée, sans cesse pareille à elle-même, l'océan ferme enclos en notre pays. Elle l'avait dix fois, vingt fois traversée, revenant vers nous, lasse de ces postes perdus où elle s'enfonçait toujours plus au nord dans l'Alberta, puis y retournant, lasse de la ville, des gens, auxquels elle ne se faisait pas. Nous la plaignions de tout notre cœur, un être incapable de se faire à la vie avec les autres, incapable d'accepter pour longtemps la terrible solitude qu'elle recherchait. Ainsi avait-elle, allant et venant d'un pôle à l'autre, usé plus de courage qu'il n'en eût fallu pour édifier une vie bien réussie — mais qu'est-ce aussi qu'une vie bien réussie !

Je pense que nous fûmes tous à la gare pour l'accueillir qui nous arrivait brisée de son long voyage, le visage défait, affublée de l'un de ces chapeaux démodés à large bord qu'elle porta, autant que je m'en souvienne, toute sa vie, et cherchant de ses bras grands ouverts à nous embrasser tous à la fois.

Nous avons enterré maman par un matin de juin des plus tendres que je puisse me rappeler. J'avais apporté du jardin d'Anna des brassées de fleurs de toutes sortes que j'avais éparpillées sur le cercueil. Nous étions rangés autour de la fosse, même Dédette qui avait à grand-peine obtenu la permission de cette journée encore avec nous. Le prêtre arriva avec un enfant de chœur muni d'un goupillon. Quelques années plus tard, j'assisterais à pareille cérémonie brève et touchante, au dehors, dans la brise fraîche, et ce serait à la mort d'Anna présentement tout juste à côté de moi[23], mais cette fois-ci était la première, et elle me fit une impression profonde par sa simplicité, son naturel étonnant. Il n'y avait plus de drapé noir, de ton d'incantation, de condoléances apprises, de formules toutes faites. Rien que la terre ouverte, le cercueil qui y descendait lentement sous nos fleurs familières et, au-dessus de notre petit groupe, le haut ciel manitobain, peut-être plus beau que jamais pour être vu avec des yeux mouillés. Il flambait vraiment comme au temps de mon enfance où je ne le regardais jamais sans m'en émouvoir et me demander ce qu'il pouvait signifier, si loin de nous, si parfaitement clair. Nous devions paraître bien petits sous la haute voûte lointaine, et pourtant jamais elle ne m'a paru diminuer les êtres, les réduire à leur seule chétive apparence. Partout chantaient des oiseaux, entre les arbres devenus bien grands depuis le temps où maman m'emmenait fleurir les tombes des deux si chères Agnès[24]. Et maintenant les « roses de cimetière » qu'y avait plantées mon père, par moi si longtemps dédaignées, puis aimées, allaient s'étendre depuis sa tombe à lui pour couvrir aussi bientôt celle de sa compagne et donner l'impression de les avoir tous à la fin réconciliés. Je commençais à percevoir que me viendrait avec le temps de la consolation à la pensée que maman était enterrée dans le vieux cimetière, où déjà il n'y avait plus de place sauf pour ceux à qui il en restait une portion dans leur enclos familial, plutôt que dans le nouveau cimetière, un vaste champ nu, tout à l'autre bout de la ville, presque à la campagne. Ici, elle serait encore en terre française pour ainsi dire, proche de ces familles du Québec qu'elle avait connues, fréquentées, en territoire de notre histoire à nous, le monument de Louis Riel étant même tout proche. Et surtout elle serait près de sa cathédrale tant aimée où elle m'avait si souvent entraînée pour demander avec elle le « bien temporel », comme elle disait, et, plus tard, seulement il me semble « ce qui était le meilleur pour nous et que de nous-mêmes nous ne reconnaîtrions pas ». En était-elle donc à le connaître enfin, ce parfait que de nous-mêmes nous étions incapables d'imaginer, quoique de tout temps, sans le savoir, l'ayant désiré !

Je levai les yeux vers le ciel radieux, à la trace peut-être de ce jour où maman et moi, qui étais encore toute petite, de retour à pied de Winnipeg, étions entrées en passant au cimetière « pour saluer nos deux Agnès » et subitement avions vu arriver une trentaine de mouettes qui s'étaient abattues parmi les tombes en lançant leur cri de nature, avait dit maman, « à vous traverser le cœur ». Elle m'avait expliqué ce jour-là qu'elles venaient de très loin, depuis leur rivage naturel là-bas, à la baie d'Hudson, en suivant tout au long de leur trajet les rivières du Nord, puis le grand lac Winnipeg, pour aboutir presque au milieu du continent, à cette ample courbe que la rivière Rouge décrivait devant la cathédrale justement, comme pour lui rendre hommage — ou n'était-ce pas plutôt qu'on avait choisi ce site avantageux pour y construire la cathédrale ? Ainsi, c'était déjà miracle, m'avait-elle dit, de les voir surgir parmi nous comme un rêve réalisé de posséder quelque chose de la mer dont nous n'aurions eu, sans elles, au milieu de nos terres, aucune idée. C'est elles qui nous en apportaient la nostalgie.

Or, comme je pensais à cela, j'en vis apparaître une bande au-dessus de la rivière. D'un coup d'aile, elles furent parmi nous, une bonne vingtaine, à pousser leur cri de poulie grinçante qui avait fait dire à maman, un autre jour où elle était en veine de parler des mouettes, qu'il appelait l'âme à la liberté comme nul autre cri au monde ne le pouvait faire. Et elle avait pris ma main pour la serrer avec force en disant encore que rien, rien n'était plus nécessaire et plus précieux à l'être humain que sa liberté.

Mes sœurs aux yeux rougis, à l'expression sombre, ne durent rien comprendre à mon regard lorsqu'elles le surprirent à suivre presque en extase le vol plané des oiseaux blancs au cri de solitude. Je venais de comprendre que de ma mère morte je recevais, à travers ce qu'elle avait aimé et m'avait fait aimer, plus encore peut-être que ce qu'elle m'avait donné au temps que nous appelions celui de sa vie.

III

Dédette repartie par le premier train à Kenora, Germain retourné à son école en Saskatchewan dès le lendemain, nous nous sommes retrouvées, les « quatre sœurs », comme disait de nous ma tante Rosalie, chez Anna, dans sa charmante petite maison du River Road, à Saint-Vital, proche banlieue de Saint-Boniface. J'avais insisté pour que Clémence soit avec nous, et Anna, qui trouvait sa maison petite pour y loger tant de monde et était au bord de l'épuisement, avait fini par céder de bon gré, me disant : « Tu as raison, on ne peut laisser Clémence seule dans le cagibi de la rue Langevin, et de faire à manger pour trois plutôt que pour deux ne me fatiguera pas plus. »

Sa maison blanche soulignée aux encadrements d'un bleu vif était charmante à voir dans la verdure, au bord d'une route presque de campagne serpentant au bord de la rivière Rouge et en épousant les courbes. Aurions-nous eu le cœur à la promenade, les alentours nous en auraient offert chaque jour de tout à fait inusitées, la visite, par exemple, non loin, à la maison natale de Louis Riel ; ou encore la traversée de la Rouge vers Saint-Norbert sur un des derniers vieux bacs à cordes et poulies encore utilisés à l'époque.

Ce furent en quelque sorte et malgré tout comme des vacances que nous avons alors vécues pendant près d'une semaine, les « quatre sœurs », pour une des rares fois de notre vie réunies sous le même toit où venait souvent nous rejoindre ma tante Rosalie s'ennuyant beaucoup de sa sœur et qui cherchait consolation auprès de nous tout en nous consolant de son mieux. C'est elle qui a dû prendre cette photo étonnante des « quatre » où l'on nous voit nous tenant par la taille en sœurs très proches l'une de l'autre et toutes avec cet air souriant qui me surprend tellement aujourd'hui. Avions-nous pour un instant trouvé tellement de bonheur à être ensemble ? Ou ma tante, par ses reparties fines et son tour d'esprit des plus amusants, avait-elle réussi à nous projeter pendant quelques secondes hors de la réalité pesante ?

Nous parlions sans cesse de maman, et il émergeait d'elle, selon le tempérament ou l'expérience de chacune, un portrait si totalement différent que je me perds encore aujourd'hui à essayer d'y voir clair. Ainsi, même après la mort, surtout peut-être après la mort, nous ne sommes pas le même être selon les yeux qui nous ont regardé vivre. Je n'en revenais pas d'une surprise douloureuse. Pour Adèle, maman avait été une femme très à ses devoirs, généreuse, capable d'un oubli total d'elle-même, mais hélas ! affabulatrice de nature, qui ne savait pas s'en tenir aux faits mais les parait ou les transformait complètement, incapable de présenter la vérité sous un jour honnête et franc. De la sorte, elle avait beaucoup déçu mon père qui prisait l'honnêteté suprême qu'était à ses yeux le récit clair et franc des choses. Anna se prenait à excuser notre mère, disant qu'elle cachait certaines choses à mon père, il est vrai, les petites dettes surtout qu'elle accumulait dans son dos, mais elle l'excusait avec compassion, disant : « Comment aurait-elle pu faire autrement, sans jamais assez d'argent, toujours aux abois ! » Je les écoutais dans la plus vive stupeur. Pas plus que je ne pouvais voir ma mère dans la femme qu'elles avaient connue, pas plus sans doute n'auraient-elles pu la reconnaître dans l'être imaginatif que je chérissais, emporté souvent il est vrai par son talent de conteuse au-delà des faits, mais pour en rendre mieux compte, pour les imprégner de la chaleur de la vie. Je renonçais à leur faire comprendre notre mère telle qu'elle me paraissait avoir été. Une pesante tristesse me venait alors, comme si j'en étais à la voir mourir une deuxième fois, et cette fois irrévocablement.

Juin continuait en beauté. L'air autour de la maison embaumait de fleurs et des premiers petits fruits sauvages qui commençaient à se gonfler. Par les terrassements que Paul avait aidé un peu à ériger, nous descendions comme par autant de marches larges jusqu'au bord même de la rivière. C'était bien la Rouge des abords de la cathédrale, la même lente rivière brunâtre de mon enfance, aux eaux chargées de limon que j'avais tant aimée, sommeillante l'été — encore que j'eusse appris à mes dépens, ayant failli une fois m'y noyer, que son courant de fond était traîtreusement vif — chargée d'embâcles au printemps, une rivière de prairie, charriant souvent des arbres arrachés, des îlots de verdure, et parfois à demi asséchée. Je ne sais pas si c'est une belle rivière, sauf peut-être par ses sinuosités innombrables et toujours gracieuses au creux de la plaine. Mais je l'ai aimée comme j'ai aimé depuis toujours le Saint-Laurent. De même que le grand fleuve du Québec, c'est par elle qu'étaient parvenus les premiers missionnaires, les premières sœurs enseignantes, les premiers colons du Québec pour y fonder ici une filiale de la Nouvelle-France. Elle était donc liée à notre vie comme l'air même que nous respirions.

Assises dans l'herbe rugueuse, nous suivions de l'œil le flot lent de la rivière, et parfois nous taisions longuement, absorbées par la pensée de la mort, du temps qui coule. C'étaient peut-être les moments où nous étions le plus proches les unes des autres. La parole en fin de compte ne nous valait pas grand-chose et aurait plutôt servi à nous éloigner davantage, chacune dans sa pauvre vérité insuffisante.

À l'heure du crépuscule, qu'elle aimait autant que moi, nous partions, Anna et moi, par River Road, solitaire à cette heure et d'ailleurs presque en tout temps, nous en allant du côté campagne. Après une sorte de petite ferme où un Ukrainien élevait des volailles et quelques porcs, puis la propriété impeccable d'un horticulteur, nous atteignions une brousse étrange où nous rejoignait presque au moment où nous y arrivions la grosse boule rouge du soleil venue se suspendre en ce milieu sauvage sur la pointe des buissons.

Ensuite, auprès de la rivière qui se rapprochait, apparaissait un bois quelque peu clairsemé de petits chênes noirs, assez pour qu'on voie luire l'eau, dorée à cette heure, de la rivière entre leurs silhouettes sombres. Je m'arrêtais, saisie au cœur. Ici était transplanté intact, tel que je me le rappelais, le petit bois de chênes de mon enfance, tant aimé vers l'âge de dix ans et même bien avant. Le petit bois où je venais rêver que j'étais La Vérendrye parcourant à pied tout le grand pays de l'Ouest[25]. J'étais étonnée, scandalisée, de recevoir encore de la joie, à travers le chagrin, de ce lointain petit bois. Qu'avait-il donc été pour moi pour que le bonheur qu'il me donnait pût surnager à tant de peine ? Je le demandais à Anna. Étrangement, elle ne se souvenait pas de ce petit bois de chênes au bout sauvage de la rue Deschambault, dont il me semblait avoir si souvent parlé — mais peut-être aussi n'en avais-je dit mot ?

Anna tout à coup devenait sombrement triste et s'accusait, tout angoissée de remords.

— Je n'ai pas fait autant que j'ai pu pour elle, disait-elle. Je voulais la prendre chez moi. J'aurais dû aller la chercher plus tôt. J'ai laissé encore une fois passer l'occasion.

Je m'efforçais de la consoler et de chasser ses remords.

C'était déjà beaucoup, lui exposais-je, fatiguée, épuisée comme elle l'était, d'être allée à pied, chargée de paquets, prendre le tram à un mille de la maison, changer en route de tram, pour aller rendre visite à maman, souvent deux fois par semaine. Qui en aurait fait autant ? lui disais-je.

Elle me souriait comme pour me remercier d'avoir atténué le poids en elle des regrets. Mais bientôt la reprenait la tristesse de n'avoir pas assez fait.

— J'aurais dû… J'aurais dû… disait-elle.

D'elle, maintenant, je me souviens d'avoir entendu sans cesse l'expression : « J'aurais dû… » ou « Je devrais… » Rarement « Je veux… », sauf lorsqu'elle fut devant un mur, à l'heure de sa mort qu'elle vit venir, inéluctable, s'efforçant pourtant de la repousser avec ce « Je veux vivre… » que j'entends résonner dans mon esprit comme la plainte déchirante d'un enfant pris au piège.

De nos promenades au crépuscule elle garda un long souvenir attendri, dont elle devait me parler maintes fois dans ses lettres affectueuses et toujours admirables. Elle les appelait des « heures ensoleillées ». Heures ensoleillées au crépuscule ! Voilà qui pourrait paraître bien curieux ! Pourtant c'est vrai : à notre retour, près d'une bonne demi-heure plus tard, le gros ballon rouge du soleil souvent nous attendait, à demi enfoui dans les buissons.

De légères tensions ne tardèrent pas à se manifester entre nous. Clémence, la pauvre enfant, en fut cause la première. Elle entrait dans une phase de grande surexcitation, ce qui était tout à fait naturel pour elle après le choc subi et surtout les longs mois de silence où elle n'avait eu avec qui parler que maman malade gardant peut-être la meilleure part de ses forces pour écrire à ses enfants éloignés plutôt que de se confier à celle qui était là. Clémence avait du retard à reprendre et, comme toujours dans ce cas, bavardait sans s'arrêter, du matin au soir. Cette incessante voix nous racontant sur le même ton uni des choses importantes comme des riens fatiguait Anna. Elle mettait Adèle, habituée au silence des espaces reculés, à la torture. Privée elle aussi pendant des mois de parler, elle en faisait pourtant autant, et quand elle avait son tour, elle nous racontait pendant des heures, ce qui n'avait guère plus d'à-propos, le démembrement de l'Autriche-Hongrie auquel elle attribuait les maux qui s'ensuivirent en Europe. Il nous apparaissait peu à peu, tristement, que nous avions vécu trop longtemps séparées pour avoir encore beaucoup en commun, ce que peut-être d'ailleurs nous n'avions jamais eu. Alors nous tâchions de redoubler les unes envers les autres de politesses et d'égards qui à la fin semblaient maintenir entre nous la distance plutôt que la réduire.

Je devenais lasse moi-même de la pauvre petite voix irritante de Clémence, si contente d'avoir quelqu'un à qui parler qu'elle poursuivait tantôt l'une, tantôt l'autre, tantôt toutes les trois à la fois de son incessant discours. J'avais pourtant fini par remarquer que le flot ininterrompu, s'il faisait penser au babil d'un enfant qui se raconte n'importe quoi, nous laissait parfois tout étonnées, tout émerveillées par la finesse d'une observation, la lucidité d'une remarque qui s'échappait comme par miracle de la bousculade des phrases, si seulement on avait été assez attentif pour la saisir au vol à travers les propos sans conséquence. Je fis donc un grand effort pour mieux écouter Clémence et j'appris ainsi à connaître par elle seulement des vérités profondes sur chacune de nous. Mais je me fatiguai assez vite, hélas, de lui prêter constamment l'oreille.

Adèle nous paraissait de plus en plus tourmentée et nous avons fini par comprendre que ce n'était pas uniquement la mort de maman qui la laissait dans cet état d'être à la dérive, à la fois incapable de mener seule à bien ses affaires, mais n'acceptant jamais le conseil qui eût pu lui être utile.

Apparemment, au reçu du télégramme lui annonçant la mort de maman, Adèle, profondément bouleversée, s'était rendue dans un coup de tête au village offrir sa terre en vente au premier venu pour ainsi dire qui se trouvait à la convoiter. « Ma mère est morte, avait-elle avancé pour expliquer sa hâte ; la vie est finie. »

Or, à présent, elle se rendait compte qu'elle n'avait plus d'endroit où aller, qu'elle s'était fait avoir en cédant sa terre à vil prix, et portée infailliblement à regretter aussitôt ce qui était perdu pour elle, elle trouvait à présent beaucoup d'attrait à ce quart de section du nord de l'Alberta, tout juste défriché, et qu'elle nous décrivit dans sa beauté rude, sous les aurores boréales fréquentes là-bas, avec sa pauvre cabane de bois rond sise au milieu du ciel et de la terre noire sans fin déployés. D'ailleurs, assurait-elle maintenant, elle était d'un bon rendement et même en partageant moitié-moitié avec le Polonais Piriouk qui avait la charge de labourer, ensemencer, récolter, elle en obtenait de quoi vivre.

Elle ne parlait plus que de retourner poursuivre l'acheteur qui avait profité des circonstances pour acquérir la petite ferme à vil prix. Anna lui présentait que le marché était conclu devant témoins et qu'à s'entêter à le défaire, elle ne gagnerait peut-être qu'à se brouiller avec les quelques voisins avec lesquels elle était encore en bons termes, qu'il lui en restait peu et que dans un pays si isolé il était de la première importance de se ménager au moins ceux qui lui étaient encore obligeants. À quoi Adèle haussait le ton et répliquait qu'elle ne pouvait entretenir de vraies relations avec les rustres qu'elle avait comme voisins, qu'on n'avait aucune idée de la vie de misère et de privations qu'elle menait, que c'était bien comme nous, ayant tous les avantages de la civilisation à la main, de parler de bons termes avec les demi-sauvages qu'elle avait eus comme compagnons, à quelques exceptions près.

— Eh bien justement, disait Anna, puisque ta terre est vendue, profites-en pour quitter à jamais ces régions de colonisation. Viens t'établir près de nous. Cherche-toi une école non loin. Il n'est pas encore trop tard pour t'arracher à cette vie de pionnière et t'en faire une infiniment plus sociable et agréable.

Acculée, on voyait Adèle pâlir, se troubler, se montrer agacée ou tourmentée. Au fond il était clair que c'était encore dans ces régions de misère et de recommencements qu'elle était le moins malheureuse, parvenant peut-être là-bas à se sentir quelque peu utile.

De jour en jour naissaient de petites frictions entre nous. Adèle se formalisait de voir Anna apparemment préférer se promener seule avec moi au crépuscule. Elle s'imaginait sans doute que nous en profitions pour parler d'elle, la desservir l'une auprès de l'autre, alors que nous cherchions une issue à sa vie qui n'en voulait pas. De son côté, elle me mettait en garde contre Anna, me disant de ne pas lui confier trop de choses, qu'Anna ne savait rien garder pour elle. De même, elle soufflait à Anna de ne pas placer trop de confiance en moi, que j'avais toujours été, serais sans doute toujours d'une nature fermée et égocentrique.

Bientôt il n'y eut plus moyen de la retenir. Elle allait retourner sous peu à son petit village de Tangent et, si elle ne pouvait ravoir sa terre, eh bien, avec l'argent qui lui revenait, elle en achèterait une autre, voisine de la première, peut-être d'un moins bon rendement, mais un peu plus près par ailleurs de la grande route et des allées et venues dont elle pourrait profiter pour aller aux provisions.

Moi-même j'annonçai alors mon départ. Je me dis attendue à Montréal dès la semaine prochaine. C'était en partie vrai. Mais il y avait aussi que je ne pouvais pas plus qu'avant mon voyage en Europe supporter l'atmosphère de tiraillements que je retrouvais dans ma famille.

Je ne réfléchissais pas que c'était presque crime de laisser Clémence retourner seule dans le petit logement de la rue Langevin où elle avait assisté à la longue maladie de maman. Je me pensais sans doute quitte puisque je lui garantissais de quoi vivre. Je ne me faisais pas non plus scrupule sans doute de ne pas m'opposer davantage au vieux démon de la solitude qui avait ressaisi Adèle et allait la reprendre plus entièrement que jamais. Souvent, je me suis demandé si nous n'aurions pas obtenu d'elle de rester si nous y avions mis une véritable chaleur d'âme. Je ne songeais pas non plus à la dureté de quitter si brusquement Anna au bord d'une maladie grave. En fait, elle allait bientôt subir la première opération qui, d'intervention en intervention, la mènerait à l'ablation d'une tumeur maligne.

Marchant auprès d'elle, par une douce soirée de juin, vers le soleil rouge à demi enfermé dans les buissons, et l'écoutant de sa voix lasse reprendre : « J'aurais dû… J'aurais dû… », j'étais loin de penser qu'à peine quelques années plus tard, par ce même chemin, je marcherais auprès d'elle désormais atteinte d'un cancer à l'évolution lente mais inexorable — peut-être le pire — et l'entendrais de nouveau se plaindre : « J'aurais dû… pendant qu'il en était temps faire telle chose ou telle autre… Qu'ai-je donc fait de ma vie ? Pourtant je veux tellement vivre encore en dépit du peu de temps qu'il me reste… »

Leur mal, trop pareil au mien que je sentais parfois vouloir renaître à leur contact, m'enlevait la confiance qu'il m'aurait fallu avoir en moi-même pour leur porter secours. Il me faisait peur horriblement, comme si je risquais en restant près d'elles d'en être atteinte à jamais.

Je pense bien encore une fois avoir pris la fuite.

IV

Je ne fis que passer par Montréal. Le temps de ramasser quelques effets, de signaler mon retour au *Bulletin des agriculteurs* et de téléphoner aux McKenzie de Port-Daniel, pour m'enquérir si je pourrais avoir cet été encore ma chambre du haut avec ses deux grandes fenêtres donnant sur la mer, où j'avais été si heureuse un été auparavant qui me paraissait avoir eu lieu il y avait cent ans. Elle était libre fort heureusement, et j'en ressentis une sorte de joie qui m'étonna moi-même. J'avais pu penser qu'un chagrin tenace comme celui qui me tenait compagnie n'aurait rien laissé entrer en moi d'heureux. Ce n'était donc pas tout à fait ainsi. Il avait suffi d'apprendre que la chambre où j'avais connu un calme heureux m'était disponible pour que m'envahît un timide espoir que se renouvellerait son effet bienfaisant sur moi. On m'attendait là-bas dès que je pourrais arriver. Je hâtai mes préparatifs. Ils ne furent pas longs à mener. Je pouvais maintenant m'accorder de garder à l'année ma chambre louée. Je n'avais plus à ranger mes effets dans des caisses, descendre les plus petites au sous-sol, me faire aider pour les plus grosses. Je n'avais qu'à mettre la clé dans la porte et m'en aller, et comme cela m'arrivait pour la première fois, je m'imaginai avoir acquis enfin une liberté précieuse. Je ne réfléchissais pas encore que je n'aurais pu, en un tour de main comme autrefois, ranger mes effets, mon tourne-disque que je venais de m'acheter, une pile de disques, une vingtaine de livres. Fini le temps où je pouvais empiler tout ce que je possédais en deux valises et, le béret planté sur le front, appeler un taxi et partir sur-le-champ. De plus en plus cette liberté de mes mouvements que je croyais avoir obtenue allait être entravée par les possessions que, me découvrant de la place et le moyen de les garder, j'allais acquérir jusqu'au jour où c'est elles — plus que tout auparavant — qui me retiendraient.

Je pris le train de nuit pour la Matapédia où je devais faire la correspondance au petit matin avec le tortillard qui accomplissait le parcours Matapédia-Gaspé. Au temps où je l'avais découvert, alors qu'on n'était pas si pressé qu'aujourd'hui, rien ne pouvait être plus aimable que ce petit train qui parcourait des paysages moitié agricoles moitié marins, était tantôt dans les prés couverts de marguerites, tantôt auprès de longues plages couvertes de mouettes où il semblait aller à l'allure des nuages mollement poussés par une brise de mer.

À Matapédia, assise sur un long banc de bois devant la gare, dans une chaleur lourde pour le début de juillet, j'attendis des heures le petit train de Gaspé qui était plus souvent qu'à son tour en retard. Je n'avais pas de goût pour aller prendre le déjeuner à l'hôtel en face ni même pour aller admirer la peu profonde Matapédia mais d'une eau si claire, si frémissante et chantante. Je restais clouée à mon banc sous le soleil vif et je ressentais de plus en plus amèrement le fait d'en être toujours, pour connaître du répit dans ma vie, à retourner aux endroits où il m'avait été, en passant, accordé par miracle sans doute. Un jour pourtant cesserait la magie et je n'aurais plus au monde de refuge heureux.

Celui-ci, en Gaspésie, m'avait été le plus bienfaisant, après Upshire. Il m'était même plus propice que Rawdon. Et comment je l'avais découvert, au bout d'une route poudreuse, à la fin d'un voyage épuisant, était en soi aussi toute une histoire.

Je commençais tout juste alors à écrire des reportages pour le *Bulletin des agriculteurs*. Vint un été étouffant. Je suffoquais dans mon étroite petite chambre de la rue Dorchester — la première avant que je déménage de l'autre côté, chez Miss McLean — sise sous le toit brûlant, avec sa seule fenêtre ouverte au soleil levant. Je rêvais de la Gaspésie sans la connaître ; sans l'avoir jamais vue, je rêvais néanmoins d'elle comme on rêve sans l'avoir connue non plus de l'île de Pâques[26]. Je demandai au rédacteur en chef s'il ne consentirait pas à m'envoyer faire un reportage en Gaspésie. Il eut peine à ne pas me rire au nez.

— La Gaspésie ! Tout le monde a écrit son petit poème, son petit article, sa petite chanson sur la Gaspésie. C'est de l'archiconnu : les goélettes, la morue salée, le barachois, le rocher Percé.

— Mais, lui avais-je présenté, ce ne pourra pas être de l'archi-connu de ma part puisque je n'en connais rien de rien. Faites-moi confiance : ma Gaspésie ne pourra être autre chose qu'une nouvelle Gaspésie puisque je vais l'apprendre toute seule.

Mon argument l'avait frappé. Pas tout à fait assez cependant pour l'incliner à la générosité. Peut-être aussi au *Bulletin* avait-on autant le goût de me voir me casser les reins que de m'accorder ma première chance.

— Si vous rapportez un bon article, me dit le rédacteur, on vous l'achètera à quinze dollars. De plus, nous allons faire en sorte de vous obtenir un billet gratuit du CNR. Jusqu'où voulez-vous aller ?

— Au bout.

— À Gaspé ? C'est bien. Vous recevrez le billet.

Et c'est ainsi que ce jour-là, à bord du petit train qui avait quitté Matapédia trois heures en retard, je n'avais aucune idée, au départ, à quelle gare je descendrais. Par deux fois le chef de train était venu s'en informer, inquiet pour moi, n'ayant sans doute pas souvent eu affaire à des voyageurs ne sachant pas où ils allaient descendre.

— Là où ça me paraîtra le plus beau, avais-je fini par lui avouer. Et je serai prête, croyez-moi, lui avais-je dit en lui indiquant à mes pieds mes deux valises placées la poignée vers ma main.

Alors ç'avait été autour de moi comme dans l'autobus d'Upshire[27], chacun cherchant à m'aider au point où j'en aurais pu perdre la tête. Une garde-malade qui habitait Grande-Rivière tenait à ce que je me rende au moins jusque-là. Au reste, j'étais déjà invitée à passer au moins la nuit chez elle. Trois jeunes filles rentrant de leurs études me recommandaient chaudement Maria ou Bonaventure où il y avait des milles de plage blonde, hantée tout au long par le cri des mouettes. Le chef de train mit son mot. Ce serait dommage que je quitte sans aller visiter l'île Bonaventure. Tout ce temps le pays devenait de plus en plus attirant. À chaque profonde échancrure des champs, quand il s'ouvrait largement sur la mer, je reconnaissais le pays jamais vu auparavant, tel que je m'en étais languie pourtant et l'avais souhaité du fond du cœur. Ainsi existent des pays qui correspondent exactement à nos rêves les moins explicables. À présent la mer apparaissait presque à chaque tournant, et à chaque tournant je prenais comme un plongeon dans cet infini. J'avais presque constamment les mains sur mes poignées de valises. Où descendrais-je ? Tout m'appelait. Une dame auprès de moi, qui n'avait pas encore dit son mot, me parla doucement : « Nous approchons de la baie de Port-Daniel. Regardez bien. J'ai le sentiment que vous allez trouver ici ce que vous cherchez sans trop le savoir. »

La baie de Port-Daniel découpée à même l'immense baie des Chaleurs est longue à encercler pour un petit train qui ne se presse en aucun temps, et ici moins qu'ailleurs car il a à parcourir un terrain sans cesse en courbe pour atteindre les trois ou quatre agglomérations qui composaient alors, qui composent peut-être encore Port-Daniel : Port-Daniel-Est, Port-

Daniel-Centre, Port-Daniel-Ouest. Nous attaquions la courbe par Port-Daniel-Ouest, plus accidenté, plus sauvage, avec de belles falaises rougeâtres tombant à pic dans une eau agitée par de hautes vagues. Le chef de train, voyant l'intérêt accru du petit monde autour de moi, vint nous apprendre que j'aurais tout le temps de bien voir, de choisir, car il venait de donner au mécanicien l'ordre de ralentir le plus possible. De plus, la ligne du chemin de fer par ici passait pour ainsi dire chez les gens. J'aperçus quelques hautes falaises, de plats nids de cormorans au sommet des arbres, puis une belle ferme apparut entre montagne et mer, à niveaux multiples. Une grande et accueillante maison blanche, avec des fenêtres qui regardaient la mer, me passa sous le nez. Je n'avais pas besoin d'en voir plus. Je savais que j'étais arrivée à destination, comme je l'avais su en tendant la main vers le heurtoir de Century Cottage et en apercevant la maison gingerbread de Rawdon.

Le chef de train vint chercher mes valises. Longtemps avant d'atteindre la petite gare de Port-Daniel, le chef de train et moi étions à la porte déjà ouverte à recevoir le vent du dehors et, quant à moi, à guetter de tous mes yeux pour ne pas perdre de vue l'accueillante maison de ferme en blanc.

Le train stoppa. Il repartit très lentement. « Mon » monde, les vitres abaissées, me souhaitait un heureux séjour à Port-Daniel et émettait le souhait qu'on se « retrouve tous nous autres » un jour quelconque.

Je me trouvai seule dans la poussière au bord des

rails. Une automobile arriva. Un jeune homme en descendit qui me demanda si j'étais la personne attendue à l'hôtel Grand. Je lui demandai le prix de la pension à cet hôtel par curiosité.

— Douze dollars la semaine.

Je lui dis que c'était beaucoup trop cher pour mes moyens et lui demandai si à la belle maison blanche à la pointe ouest là-bas, que l'on distinguait bien encore à cette distance, à mi-chemin entre la baie et les plus hautes collines, on ne prenait pas par hasard des pensionnaires.

— Je crois que oui, dit-il. C'est là chez Bertha et Irving McKenzie. Mais je vous avertis, le vieil Irving est toujours à la pêche et si vous allez là vous ne mangerez guère que du poisson.

Il consentit à me conduire chez Bertha et Irving pour un dollar.

J'entrai par la petite maison adossée à la grande qui servait de cuisine d'été et qui était chauffée à blanc. Bertha y faisait à la fois du pain et des confitures. La petite pièce exhalait de bonnes odeurs à étourdir. Je me trouvai devant une femme ronde, plutôt petite, quelques cheveux follets dans le visage, ses manches relevées sur des bras fermes, les traits bons mais qui paraissaient vouloir se donner un air dur. Je lui demandai :

— Vous prenez des pensionnaires ?

— Ça dépend.

— Moi, par exemple.

Elle me détailla de la tête aux pieds.

— C'est neuf dollars pour les hommes, huit et demi pour les femmes.

— Vous avez donc un parti pris.

— Les hommes, expliqua-t-elle, en général me mangent plus d'œufs et de crème que les femmes.

— En ce cas, dis-je, pour moi qui n'en mangerai presque pas, ne me feriez-vous pas un petit rabais de cinquante cents?

— Huit dollars seulement, dit-elle. C'est ce que vous me demandez. C'est bien peu. Mais si vous ne le dites pas aux autres, je vous l'accorde. Et mangez autant de crème que vous en voudrez. Vous avez l'air d'en avoir besoin.

Elle prit mes valises, ouvrit une petite porte donnant sur la grande maison spacieuse, calme et fraîche comme un vieux puits en plein été. Elle me montra d'abord une petite chambre presque sans vue.

— Oh, madame, lui dis-je, vous n'auriez pas une chambre dans laquelle la mer entre de tous côtés? Sans bien la connaître, je me suis tellement languie d'elle.

Elle m'examina de nouveau avec un petit froncement plutôt affectueux des sourcils.

— J'en ai une, comme vous dites, dans laquelle entre la mer. Mais c'est ma plus belle et ma plus chère comme de raison. D'ailleurs elle est plus ou moins retenue par un vieux capitaine à la retraite qui ne me l'a pas encore redemandée cette année, il est vrai. Tout de même, il devrait avoir le premier choix.

— Montons la voir quand même, madame Bertha.

Ah, la douce chambre, aussi accueillante sinon encore plus que celle de Matravers et même de Century Cottage. Ai-je été chanceuse, quand j'y pense, d'avoir eu pour y dormir, rêver, réfléchir, de pareilles chambres déjà si pleines de songerie en suspens. Sans eau courante, sans cabinet de toilette, même sans électricité, au fond sans commodité aucune, elle eut toute mon amitié dès le premier regard, avec ses jolis tapis crochetés jetés çà et là sur le plancher fait de larges planches peintes couleur du soleil, avec sa commode ancienne, son ample chaise berçante et surtout deux fenêtres à fins rideaux par lesquelles entrait en biais et de façade toute la baie de Port-Daniel, éblouissante de lumière. Des goélettes à voiles rouge clair en sillonnaient le bleu ardent. L'aile blanche des goélands la parcourait.

— Oh, madame Bertha, laissez-moi cette chambre, et je vous le jure, un jour peut-être vous ne le regretterez pas parce que vous m'aurez aidée à accomplir ce que j'ai à faire en cette vie.

Elle posa mes valises en signe d'acceptation.

— C'est bon. C'est bon. Mais vous êtes une drôle de fille. Dès le pied dans ma maison, vous me forcez à rabattre sur un prix déjà ridiculement bas. Ensuite, pour ce prix réduit, vous voulez ma plus belle chambre.

— C'est que je n'ai pas plus d'argent, madame… Mais si, un jour…

Et là aussi, comme chez Esther, je m'engageai, le jour où je le pourrais, à compenser, ce que j'ai pu faire à Port-Daniel aussi bien qu'à Upshire.

À peine la porte refermée, seule dans ma chambre

des merveilles, je me jetai sans même enlever mes souliers sur le lit et, le visage contre la courtepointe qui embaumait le grand air, je pleurai que Dieu, à certaines heures, parût m'accorder tout ce que je souhaitais du plus profond du cœur.

Tant me combler, tant me déchirer, je comprenais de moins en moins ma vie et moi-même.

Et voici que j'étais de retour vers la maison où j'avais connu un bonheur tel que dans son intensité il m'avait serré le cœur comme d'une sorte de chagrin.

Irving m'attendait à la gare, les rênes dans une main, avec, à ses côtés, assis sur le siège du buggy, Pat le colley qui, les babines retroussées sur ses dents, semblait rire. Une expression qu'il avait eue, m'expliqua Irving, dès qu'il avait reconnu, un peu avant l'arrivée du train, mon visage apparu sur la plate-forme du deuxième wagon, une expression qui peignait son bonheur au retour de ceux qu'il avait appris à aimer.

Je flattai la tête aux longs poils soyeux et lui, au coin de mes yeux, but une larme qui avait jailli. Irving prit ma main en silence, un peu gauchement, trop timide pour manifester autrement sa sympathie. Nous ne nous étions jamais beaucoup parlé, Irving et moi, mais nous avions souvent été à la pêche ensemble, dans sa barque à rames, et les longues heures de silence heureux entre nous nous avaient sans doute mieux unis que les paroles.

Nous côtoyions la grande baie, je voyais se rapprocher ma pointe bien-aimée, la haute maison blanche, je reconnaissais les fenêtres de ma chambre, je voyais la misaine rouge d'une goélette penchée vers l'eau claire contre l'azur du ciel, j'entendais le doux cri des goélands, je sentais se tasser affectueusement contre moi le colley que son maître n'était pas parvenu à déloger de la banquette pour l'envoyer se coucher à l'arrière. Et toutes joies, toutes beautés pourtant proches, me parvenaient comme d'un monde lointain à jamais perdu que je ne connaîtrais plus maintenant que par le souvenir.

Après quelques mots affectueux pour Bertha qui me serra contre sa poitrine, je courus à ma chambre me jeter comme naguère, mes souliers aux pieds, sur la fraîche courtepointe et mes sanglots éclatèrent à la pensée d'un monde encore si beau dont maman n'était plus, dont maman était exclue, dont maman ne faisait plus partie.

Par la plus tendre journée du monde, je m'éveillai, le cœur au désespoir. Sous mes yeux étincelait la baie des miroitements du soleil. De l'autre côté du petit village de Port-Daniel, des barques à misaine colorée partaient pour leur journée de pêche. On entendait le teuf-teuf-teuf de leur moteur et, dans l'air, jusqu'à des exclamations des équipages. Tout paraissait vouloir incliner le cœur à la joie, et je me révoltais contre cette joie de vivre à laquelle il me paraissait que je ne saurais plus prendre part.

Je ressentis que si je ne me mettais pas au travail immédiatement, j'allais sombrer dans une mélancolie inguérissable. Je me levai, ouvris une de mes valises qui se trouvait presque à moitié remplie d'un gros tas de feuillets dactylographiés. Depuis deux ans, même en n'ayant aucun espoir de travailler en voyage, je traînais avec moi ce qui devenait un énorme manuscrit. À cette époque il devait bien compter huit à neuf cents pages. Je l'avais sorti de la valise une fois en cours de route, l'année précédente, je crois, pour y jeter un coup d'œil, peut-être pour me rassurer dans un moment de doute, mais j'étais tombée, en allant comme ça pignoter de droite à gauche, sur deux ou trois passages faibles et qui m'avaient paru vraiment mal venus. J'avais bien failli le mettre au feu cette fois. C'eût été facile. Là où j'étais, il y avait un gros poêle à bois dans lequel pétillait justement une grosse bûche bien enflammée. C'eût été l'affaire de quelques secondes : soulever le rond, glisser vers les flammes le gros paquet de papier enroulé sur lui-même. Et voilà que maintenant, n'ayant pas eu ce courage, il me fallait poursuivre la tâche.

Je descendis en robe de chambre demander à madame Bertha si je ne pourrais pas avoir mon déjeuner avant les autres sur un petit plateau que je monterais dans ma chambre prendre seule. Tout en bougonnant que j'étais en train de prendre mes aises pour de bon, elle me versa une double ration de café. Je remontai, m'installai dans mon lit, le dos aux oreillers, ma machine à écrire sur mes genoux, le plateau déposé tout près sur une table de chevet, et je me mis au travail, tapant quelques lignes, m'interrompant pour grignoter un morceau de toast, boire une grosse lampée de café noir. J'aurais pu me croire chez Esther, sauf que j'étais entourée d'eau et que le cœur n'y était plus. Je travaillais mais ne sachant plus pourquoi. En fait, depuis ce temps-là, ai-je jamais su pourquoi j'écrivais, est-ce que ceux qui se livrent à cette bizarre occupation le savent vraiment.

Je continuai donc sans plus savoir où me menait mon effort. Aussi bien, je fus surprise, quand madame Bertha agita vers midi sa petite clochette annonçant le lunch, de voir que j'avais couvert une vingtaine de feuillets. Et encore plus, l'après-midi, en les relisant, de constater que j'avais grandement amélioré mon texte. Je n'étais pas encore en pleine possession de mon sujet. Il y aurait des pages à reprendre. Mais du moins la souffrance décrite paraissait plus vraie et la vie plus impitoyable.

Ainsi s'enchaînèrent les jours. Je remontais dans ma chambre tôt avec mon petit déjeuner, partais aussitôt à taper, avant même de me laver et de me peigner, continuais jusque vers midi, reprenais vers deux heures pour ne cesser qu'en fin d'après-midi. Ne sachant plus pour qui ni pourquoi je travaillais, ni même vers quoi me menait un si dur effort, j'étais possédée par la volonté d'arriver au plus vite là où je ne savais pas que j'allais.

Madame Bertha me gronda un jour amicalement.

Je devrais, disait-elle, me mêler un peu aux autres pensionnaires, aller avec eux à la baignade l'après-midi ou à la cueillette des fruits sauvages. Je fis effort pour les accompagner à la baignade. Mais pendant qu'ils s'ébattaient dans l'eau presque toujours glacée de la baie des Chaleurs — plutôt mal nommée — assise sur les galets, j'écoutais le murmure de l'eau contre le rivage et ce doux bruit me mettait en mémoire comme aucun autre l'amertume de la vie. Je partais bientôt marcher seule et toujours vers les endroits les plus déserts, les plus battus des vents. Du moment que je sortais de mes histoires je me sentais accablée. La vraie vie de plus en plus était pour moi dans ce que je me racontais ou racontais à quelqu'un qui pourrait un jour s'y reconnaître, et alors peut-être, en silence, nous rejoindrions-nous, moi qui marchais seule et cet inconnu dans l'avenir, quelque part arrêté à attendre il ne savait quoi.

Mon travail maintenant sans but avançait pourtant assez bien. Certains jours je n'en étais même pas trop mécontente. L'idée de le brûler ne me serait plus venue. Mais non plus, encore, celle de le publier. En somme j'ignorais pourquoi je le poursuivais avec courage, car le cœur n'y était toujours pas. Cependant, dès que je sortais du travail, c'était pour me reprendre à souffrir d'être de ce monde.

Brusquement, un jour, le temps tourna au froid. Un vent violent s'éleva, éparpillant en une seconde les fleurs de lilas, et l'air un instant en fut tout plein comme d'une neige parfumée. Même les plus hardies goélettes ne quittèrent pas le môle ce jour-là. Non pourtant, une d'elles, il est vrai, se hasarda à tenter de franchir la passe entre la baie de Port-Daniel et la grande baie des Chaleurs. Elle eut fort à faire pour virer contre le vent et revenir en hâte se ranger avec les autres au port. Vers la fin du jour les vents atteignirent la folie des ouragans. J'ai toujours aimé les tempêtes, de terre et de mer. Je ne sais quels alliés j'y trouve contre la douleur en ce monde, quelles voix moins résignées que la nôtre qui se gonflent pour la dénoncer.

Madame Bertha, après le souper, vint dans la grande salle avertir les pensionnaires — la plupart jouant aux cartes — qu'il vaudrait mieux ne pas sortir. La météo venait d'émettre des signaux d'alarme sur la côte. Elle alluma un bon feu dans le poêle de la salle afin que ses gens en fussent réconfortés. Je montai prendre mon ciré et parvins à sortir sans être remarquée. J'éprouvais une étrange jubilation. Pourtant, dès mes premiers pas au-dehors je faillis être emportée comme ces panicauts que d'un seul coup le vent charrie d'un champ à l'autre. Je gagnai un sentier de terre battue assez bien protégé de chaque côté par des buissons d'aulnes serrés. Je passai le phare, où j'allais souvent le jour. J'atteignis la pointe de terre, de roc plutôt, s'avançant entre des falaises et de hauts récifs en pleine fureur de la mer, ou du moins de la grande baie des Chaleurs, à certaines heures tout autant agitée que le plein Atlantique.

J'étais déjà venue plusieurs fois à cet endroit, même par temps calme comme tout surexcité par une agitation perpétuelle de l'air, de ses rares buissons et des vagues frappant à grands coups les flancs de la falaise. Certaines journées d'été, très douces pourtant, j'y avais entendu un sourd gémissement, triste à arracher l'âme, tel que je devais en entendre un jour, des mille lieues plus loin, à la baie des Trépassés, au Finistère.

Creusée à même la pierre, je connaissais une sorte de grotte toute proche de l'écume bondissante et des hurlements, mais bien protégée par une avancée du roc qui formait auvent. Je m'y blottis, enroulée dans la couverture que j'avais apportée. Là, à l'abri des vents, presque au chaud, pendant des heures, sans m'en lasser, je participai à leur clameur, à leur folle douleur, à tout ce que les éléments, l'eau, le tonnerre, les vagues, le vent jettent parfois comme de véhémente protestation à la face du ciel. Le monde prend peut-être son créateur à partie dans ces grandes heures, qui sait ! Il me semblait que criaient pour moi, ou avec moi qui étais silencieuse, les vents, les vagues, quelques goélands réveillés et en déroute, et que tous ensemble, les vagues, l'écume, les vents, les oiseaux dérangés plaignaient à n'en plus finir la douleur du monde.

Vers le milieu de la nuit, je rentrai transie, mouillée jusqu'aux os car il s'était mis à tomber une grande pluie froide, endolorie de la tête aux pieds, cependant curieusement, mystérieusement délivrée, comme si l'amertume du moins m'avait été enlevée… Mais au fond, je suis toujours en peine de m'expliquer comment je sortis, cette nuit-là, sinon apaisée, du moins consentante à vivre en ce monde[28].

Notice

Manuscrits

Nous disposons de trois versions manuscrites du texte, conservées à la Bibliothèque nationale du Canada, Collection des manuscrits littéraires, « fonds Gabrielle Roy » (MSS 1982-11/1986-11), boîte 67, chemises 3 et 4. Aucune n'est datée, mais leur examen permet de déterminer avec assez de certitude l'ordre dans lequel elles ont été rédigées.

La première est écrite et corrigée de la main de l'auteur, au stylo et au crayon de plomb, dans un cahier spirale cartonné à la couverture bleu turquoise foncé ; elle compte 59 pages couvertes d'une écriture irrégulière, quelquefois un peu tremblée, en d'autres occasions pratiquement illisible. Les 45 premières pages forment un texte suivi ; la quarante-sixième (non paginée) reprend les toutes premières phrases du texte. Quelques pages ont ensuite été arrachées et la pagination reprend à 7 ; là, le texte semble s'enchaîner avec celui des pages disparues, puisqu'il commence au milieu d'une phrase, pour se poursuivre jusqu'à la page marquée 12. Le texte de ces six pages est continu et correspond à un épisode qui, dans les versions subséquentes, prend place plus avant dans l'action. Viennent ensuite six autres pages ne portant pas de numéro et qui semblent des ébauches ou des réécritures de certains passages.

Le deuxième manuscrit a été rédigé au stylo dans un autre cahier spirale, turquoise vif celui-là, puis corrigé au crayon de plomb. L'écriture y est plus régulière, les ratures moins nombreuses. Les 31 pages de texte semblent constituer une transcription corrigée et remaniée des premières pages du premier manuscrit. Cependant, les premiers états des pages 8, 10, 21, 22, 23 et 24 demeurent illisibles, car l'auteur y a collé de nouvelles pages, qui paraissent provenir d'un autre cahier.

Enfin, le troisième état du texte est contenu dans un cahier vert Campus « Four subjects note book — Cahier de notes : quatre sujets » dont la spirale a été retirée. Cette troisième version est écrite au stylo et corrigée au plomb ; elle compte 84 pages, soit 75 numérotées par l'auteur et 9 feuilles volantes insérées dans le cahier, qui portent des numéros de page redoublés. Cette version comporte de nombreuses corrections, d'ordre stylistique pour la plupart. L'écriture y est généralement claire et bien appuyée.

Établissement du texte

C'est cette troisième version, puisqu'elle est la dernière et la plus achevée, qui a servi de base à la présente édition. Pour en établir le texte, nous avons supprimé les passages raturés et leur avons substitué les corrections faites par l'auteur en surcharge, en interligne ou en marge. Nos seules interventions ont consisté à rectifier les orthographes et les accords erronés lorsque cela était nécessaire, ainsi que quelques constructions défectueuses ; pour la ponctuation, nous avons respecté les pratiques de l'auteur, sauf lorsque le sens d'une phrase ou d'un membre de phrase pouvait en être affecté. Le récit est dépourvu de titre dans les trois manuscrits ; celui que nous lui avons donné (Le temps qui m'a manqué) est inspiré de l'un des premiers paragraphes du texte. Par contre, la division en chapitres est de Gabrielle Roy elle-même, tout comme l'aménagement des paragraphes et des alinéas, sauf dans le cas de quelques dialogues, auxquels nous avons donné la forme habituelle.

Variantes et notes

Afin de donner une idée de la genèse du texte, nous avons reproduit, dans les notes de fin de volume, certains passages provenant des deux premiers manuscrits (désignés par les mentions « Cahier 1 » et « Cahier 2 ») et qui n'apparaissent pas dans la dernière version. La variante est donnée en italique ; sa place est indiquée dans le texte par l'appel de note et, dans la note, le cas échéant, par la reprise en caractères romains des mots auxquels elle se rattache.

Les autres notes visent à éclaircir certaines allusions ou à fournir des explications nécessaires à la compréhension du texte. Nous les avons voulues aussi peu nombreuses que possible, car le lecteur peut facilement se reporter à La Détresse et l'Enchantement *ou, pour d'autres détails, à la biographie de François Ricard,* Gabrielle Roy, une vie *(Boréal, 1996).*

Remerciements

Sophie Marcotte, Sébastien Hamel, Sophie Montreuil, Yannick Roy, Christine Robinson et Martine Fisher nous ont aidés dans l'établissement et la vérification du texte. Leur travail, ainsi que le nôtre, a été soutenu par des subventions du Conseil de recherches en sciences humaines du Canada et du Fonds FCAR du gouvernement du Québec.

Les éditeurs

Notes et variantes

1. Voir « Pour empêcher un mariage », l'un des récits de *Rue Deschambault* (1955 ; coll. « Boréal compact », p. 49-57), où la petite Christine accompagne Eveline, sa mère, dans un voyage pour dissuader — en vain — une de ses filles de se marier.

2. Allusion au départ de Gabrielle pour l'Europe en 1937, tel que raconté à la fin du « Bal chez le gouverneur », première partie de *La Détresse et l'Enchantement* (1984 ; coll. « Boréal compact », p. 240-243).

3. À la fin de l'été 1942, Gabrielle Roy, qui habitait Montréal depuis trois ans et demi et n'avait pas remis les pieds au Manitoba depuis son départ pour l'Europe en 1937, a fait un long voyage dans l'Ouest canadien. Elle en a rapporté sept reportages sur les « Peuples du Canada » publiés dans le *Bulletin des agriculteurs* entre novembre 1942 et mai 1943 ; six d'entre eux seront repris en 1978 dans *Fragiles Lumières de la terre*. Au cours de ce même voyage, elle est allée observer la construction de la route de l'Alaska par l'armée américaine, ce dont elle rend compte dans le journal montréalais *Le Canada* du 24 novembre 1942 ; elle donne aussi au même journal, en décembre 1942 et

97

janvier 1943, une série de quatre articles intitulée « Regards sur l'Ouest ».

4. Cahier 2 : au cours de *mon exil qui a été pour ainsi dire mon état naturel sur terre, ma vie normale,* m'avaient créé

5. Voir le dernier chapitre de *La Détresse et l'Enchantement,* p. 501-503.

6. Cahier 2 : moi qui *suis entière dans tout ce que j'entreprends,* j'ai pu le reprendre

7. Cahier 2 : *Je ne pensais pourtant alors que lui rendre un peu de ce qu'elle m'avait donné d'inépuisable lorsque, toute petite, assise pendant des heures à ses pieds, je l'écoutais, envoûtée, me raconter le passé qui avait été pour elle, en ce temps-là, le présent tout illuminé des feux de l'avenir.* / Un long coup de sifflet

8. Les manuscrits portent, par erreur : *1944.* En fait, Mélina Roy (née Landry) est décédée le 26 juin 1943, à l'âge de 76 ans ; les funérailles ont eu lieu quatre jours plus tard à la cathédrale de Saint-Boniface.

9. Cahier 2 : celles que j'avais pu faire. *De semaine en semaine, de mois en mois, je remettais donc la promesse qu'elle attendait de moi — qui sait ! — pour mourir peut-être en paix.* / Une autre forêt

10. En 1950, de retour de leur second séjour en Europe, Gabrielle Roy et son mari loueront un petit appartement au coin du boulevard LaSalle et de la rue Alepin, à Ville LaSalle. C'est de là qu'ils déménageront à Québec en 1952.

11. Cahier 2 : — *Maman ne l'a même pas reçue. Elle n'a même pas reçu la seule lettre de ma vie que j'ai toujours voulu lui écrire. / Je me repris à pleurer comme l'enfant qui aperçoit pour la première fois que la vie si radieuse est aussi ironie cruelle, méchanceté, malignité sans bornes.*

12. Cahier 1 : peut-être toute une année. *Et encore parfois, il arrive qu'en m'éveillant la première pensée qui me vienne à l'esprit soit celle que ma mère est morte avant d'avoir reçu la lettre où je lui annonçais que nous allions enfin connaître la paix, nous tous.* / J'avais encore

13. Cahier 2 : que d'être venu au monde, *que, pour un moment d'extase qui n'en avait d'ailleurs peut-être pas été un, nos pauvres parents nous avaient voué à une vie de défaite, de séparations et d'insupportable chagrin.*

14. Cahier 1 : une partie de la famille — *mais pourrait-on plus jamais parler à notre propos de famille maintenant qu'était disparue celle qui, à bout de bras, à bout de courage, s'était épuisée à la tenir ensemble* — chez Fernand.

15. Joseph, dit Jos, est le frère aîné de Gabrielle ; en 1943, il est âgé de 56 ans.

16. Cahier 1 : chacune à notre bout du *pays, et une sorte de remords ou de sourde révolte, je ne sais encore comment nommer ce sentiment, pénétrait en moi pour y prendre racine et ne jamais tout à fait me libérer.*

17. Voir *La Détresse et l'Enchantement*, p. 341-342.

18. Cahier 1 : *Clémence et moi nous sommes entrées dans le petit salon où une carte discrète annonçait : Madame Léon Roy —*

la seule carte, je crois bien, à avoir jamais signalé la présence de maman ici ou là au cours de sa vie.

19. Rosalie McEachran (née Landry) était la sœur cadette de Mélina ; les deux femmes étaient très proches.

20. Cahier 1 : *Je m'approchai plus près encore du visage de cire comme pour mieux voir ce qu'avait été la vie de cette morte et, la revoyant par étapes, je crus voir la vie d'autres femmes de sa génération. Un nœud me serrait la gorge à m'étouffer. Je n'en pouvais plus de découvrir à quel supplice le monde, les hommes, l'Église, les prêtres, les lois avaient condamné le corps de la femme déjà malmené par la nature si dure à son égard.*

J'entendais au fond de mes souvenirs des bribes de confidences entre maman et des voisines, entendues quand j'étais enfant, à la cachette, ou alors que l'on me pensait trop jeune pour comprendre. Il était question du prêtre qui refusait l'absolution si la femme se refusait à son mari — car alors ce serait de sa faute s'il allait ailleurs —, si elle tentait la moindre échappatoire à une nouvelle grossesse. Je songeai à l'inimaginable terreur qui avait pesé sur cet esprit de ma mère comme sur celui de toute créature faite pour la liberté, l'amour, le bonheur, et combien on avait cherché à la réduire jusqu'à user sur elle de la peur de l'enfer du châtiment. Que de fois je l'avais entendue me dire : « C'est vrai que si j'avais eu le choix, je n'aurais pas eu onze enfants… mais maintenant que je les ai, auquel penses-tu que je pourrais renoncer de bon cœur ? »

Qu'est-ce qui me prit de me pencher pour ouvrir mon cœur à l'oreille de la morte : Si tu avais eu à renoncer à l'un de nous, aurait-ce été à moi ? C'eût été raisonnable. La dernière-née. Alors que tu te croyais libérée enfin. La flamme des cierges fit bouger comme l'ombre d'une pensée sur le petit visage.

Quelle folle j'étais ! S'il se passait encore quelque chose au-delà du moment de la mort, ce ne pouvait plus être qu'entre l'âme et son créateur. Peut-être que je n'existais même plus dans la conscience de ma mère. Cette pensée, de toutes celles que j'éprouvai alors, me fut sans doute la plus cruelle car elle laissa ses traces en moi pour toujours. Aujourd'hui encore j'en reconnais la blessure.

Mais cette pensée que nous n'existons plus aux yeux de ceux qui nous ont aimés est trop atroce pour que nous l'acceptions totalement, car un instant plus tard je continuai à parler à ma mère en esprit comme si une part d'elle-même allait toujours être attentive à ma voix, et je lui disais mon regret pour les médailles et que j'aurais bien dû suivre son conseil et les lui laisser. / Alors *arriva* Dédette.

21. Voir *La Détresse et l'Enchantement*, p. 213-215.

22. Voir *La Détresse et l'Enchantement*, p. 94-102.

23. Voir *La Détresse et l'Enchantement*, p. 164-165.

24. Il s'agit des deux filles de Mélina mortes en bas âge, et que Gabrielle n'a pas connues : Agnès (1891-1906) et Marie-Agnès (1906-1910).

25. Voir « Le vieillard et l'enfant », le deuxième récit de *La Route d'Altamont* (1996 ; coll. « Boréal compact », p. 39-43).

26. Le manuscrit porte : *on rêve sans les avoir connues non plus des îles de Pâques.*

27. Voir *La Détresse et l'Enchantement*, p. 366-367.

28. Sur une feuille volante insérée à la suite de la dernière page du cahier, on peut lire : *Je n'ai donc pas souvent rencontré de douleur qui n'ait pas laissé au moins une toute petite part à quelque joie, de même que je n'ai pas rencontré souvent de joie si grande qu'elle n'ait laissé entrer dans la place quelque sentiment de douleur.*

Œuvres de Gabrielle Roy

Sont mentionnées, pour chaque titre : (a) la première édition en langue française parue au Canada ; (b) la première édition parue en France ; (c) la première édition en langue anglaise parue au Canada, avec son titre et le nom du traducteur ; (d) la première édition parue aux États-Unis ; et (e) l'édition courante en langue française qu'on trouve actuellement sur le marché.

Bonheur d'occasion, roman : (a) Montréal, Société des Éditions Pascal, 1945 [2 vol.] ; (b) Paris, Flammarion, 1947 ; (c) *The Tin Flute,* trad. Hannah Josephson, Toronto, McClelland & Stewart, 1947 [nouvelle traduction par Alan Brown, Toronto, McClelland & Stewart, 1980] ; (d) New York, Reynald & Hitchcock, 1947 ; (e) Montréal, Boréal, 1993, collection « Boréal compact » n° 50.

La Petite Poule d'Eau, roman : (a) Montréal, Beauchemin, 1950 ; (b) Paris, Flammarion, 1951 ; (c) *Where Nests the Water Hen,* trad. Harry L. Binsse, Toronto,

McClelland & Stewart, 1951 ; (d) New York, Harcourt Brace & Co., 1951 ; (e) Montréal, Boréal, 1993, collection « Boréal compact » nᵒ 48.

Alexandre Chenevert, roman : (a) Montréal, Beauchemin, 1954 ; (b) Paris, Flammarion, 1955 [sous le titre *Alexandre Chenevert, caissier*] ; (c) *The Cashier,* trad. Harry L. Binsse, Toronto, McClelland & Stewart, 1955 ; (d) New York, Harcourt Brace & Co., 1955 ; (e) Montréal, Boréal, 1995, collection « Boréal compact » nᵒ 62.

Rue Deschambault, roman : (a) Montréal, Beauchemin, 1955 ; (b) Paris, Flammarion, 1955 ; (c) *Street of Riches,* trad. Harry L. Binsse, Toronto, McClelland & Stewart, 1957 ; (d) New York, Harcourt Brace & Co., 1957 ; (e) Montréal, Boréal, 1993, collection « Boréal compact » nᵒ 46.

La Montagne secrète, roman : (a) Montréal, Beauchemin, 1961 ; (b) Paris, Flammarion, 1962 ; (c) *The Hidden Mountain,* trad. Harry L. Binsse, Toronto, McClelland & Stewart, 1962 ; (d) New York, Harcourt Brace & World, 1962 ; (e) Montréal, Boréal, 1994, collection « Boréal compact » nᵒ 53.

La Route d'Altamont, roman : (a) Montréal, Éditions HMH, 1966, collection « L'Arbre » nᵒ 10 ; (b) Paris, Flammarion, 1967 ; (c) *The Road Past Altamont,* trad. Joyce Marshall, Toronto, McClelland & Stewart, 1966 ; (d) New York, Harcourt Brace & World, 1966 ; (e) Montréal, Boréal, 1993, collection « Boréal compact » n° 47.

La Rivière sans repos, roman précédé de « Trois nouvelles esquimaudes » : (a) Montréal, Beauchemin, 1970 ; (b) Paris, Flammarion, 1972 ; (c) *Windflower,* trad. Joyce Marshall, Toronto, McClelland & Stewart, 1970 [sans les « Nouvelles esquimaudes »] ; (e) Montréal, Boréal, 1995, collection « Boréal compact » n° 63.

Cet été qui chantait : (a) Québec, Éditions Françaises, 1972 [illustrations de Guy Lemieux] ; (c) *Enchanted Summer,* trad. Joyce Marshall, Toronto, McClelland & Stewart, 1976 ; (e) Montréal, Boréal, 1993, collection « Boréal compact » n° 45.

Un jardin au bout du monde, nouvelles : (a) Montréal, Beauchemin, 1975 ; (c) *Garden in the Wind,* trad. Alan Brown, Toronto, McClelland & Stewart, 1977 ; (e) Montréal, Boréal, 1994, collection « Boréal compact » n° 54.

Ma vache Bossie, conte pour enfants : (a) et (e) Montréal, Leméac, 1976 [illustrations de Louise Pomminville] ; (c) *My Cow Bossie,* trad. Alan Brown, Toronto, McClelland & Stewart, 1988 [mêmes illustrations que dans l'édition Leméac].

Ces enfants de ma vie, roman : (a) Montréal, Stanké, 1977 ; (b) Paris, Éditions de Fallois, 1994 [préface de Yves Beauchemin] ; (c) *Children of My Heart*, trad. Alan Brown, Toronto, McClelland & Stewart, 1979 ; (e) Montréal, Boréal, 1993, collection « Boréal compact » n⁰ 49.

Fragiles Lumières de la terre, écrits divers 1942-1970 : (a) Montréal, Quinze, 1978, collection « Prose entière » ; (c) *The Fragile Lights of Earth*, trad. Alan Brown, Toronto, McClelland & Stewart, 1982 ; (e) Montréal, Boréal, 1996, collection « Boréal compact » n⁰ 77.

Courte-Queue, conte pour enfants : (a) et (e) Montréal, Stanké, 1979 [illustrations de François Olivier] ; (c) *Cliptail*, trad. Alan Brown, Toronto, McClelland & Stewart, 1980 [mêmes illustrations que dans l'édition Stanké].

De quoi t'ennuies-tu, Éveline ?, récit : (a) Montréal, Éditions du Sentier, 1982 [bois gravé et calligraphies de Martin Dufour] ; (e) Montréal, Boréal, 1988, collection « Boréal compact » n⁰ 8 [suivi de *Ély ! Ély ! Ély !*].

La Détresse et l'Enchantement, autobiographie : (a) Montréal, Boréal, 1984 ; (b) Paris, Arléa, 1986 [préface de Jean-Claude Guillebaud] ; (c) *Enchantment and Sorrow,* trad. Patricia Claxton, Toronto, Lester & Orpen Dennys, 1987 ; (e) Montréal, Boréal, 1988, collection « Boréal compact » n° 7 [nouvelle édition 1996].

L'Espagnole et la Pékinoise, conte pour enfants : (a) et (e) Montréal, Boréal, 1986 [illustrations de Jean-Yves Ahern] ; (c) *The Tortoiseshell and the Pekinese,* trad. Patricia Claxton, Toronto, Doubleday Canada, 1989 [mêmes illustrations que dans l'édition Boréal].

Ma chère petite sœur, lettres à Bernadette 1943-1970 [édition préparée par François Ricard] : (a) et (e) Montréal, Boréal, 1988 ; (c) *Letters to Bernadette,* trad. Patricia Claxton, Toronto, Lester & Orpen Dennys, 1990.

Table

MISE EN PAGES ET TYPOGRAPHIE :
LES ÉDITIONS DU BORÉAL

CE DEUXIÈME TIRAGE A ÉTÉ ACHEVÉ D'IMPRIMER EN DÉCEMBRE 1997
SUR LES PRESSES DE L'IMPRIMERIE L'ÉCLAIREUR,
À BEAUCEVILLE (QUÉBEC).